HISTOIRE DES IDÉES
AU XIXᵉ SIÈCLE

ÉMILE DE GIRARDIN

SA VIE — SES IDÉES — SON ŒUVRE — SON INFLUENCE

PAR

ODYSSE-BAROT

> M. de Girardin est l'esprit le plus positif, le plus pratique, le plus simplificateur, et par cela même le plus vaste de toute presse parisienne. Il possède à un degré supérieur la faculté essentielle de l'homme d'État, le bon sens.
> P.-J. PROUDHON.

> M. de Girardin a trois dons de l'intelligence précieux et rares pour l'écrivain et pour l'homme politique : l'invention qui découvre l'idée ; l'initiative qui la meut ; le courage qui la défend. LAMARTINE.

PARIS

MICHEL LÉVY FRÈRES, LIBRAIRES ÉDITEURS

RUE VIVIENNE, 2 BIS, ET BOULEVARD DES ITALIENS, 15

A LA LIBRAIRIE NOUVELLE

—

1866

Tous droits réservés

COLLECTION MICHEL LÉVY

HISTOIRE DES IDÉES

AU XIXᵉ SIÈCLE

ÉMILE DE GIRARDIN

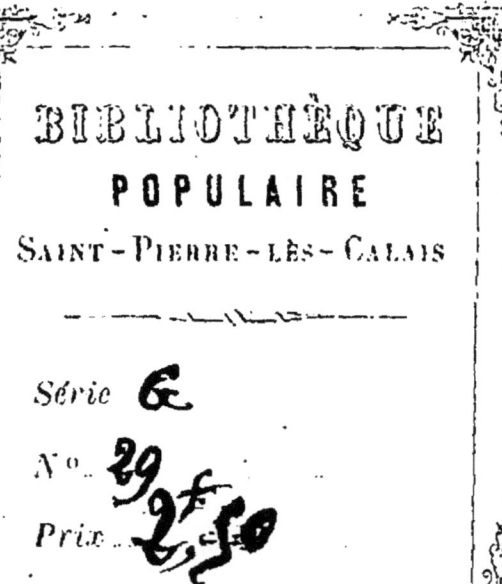

DU MÊME AUTEUR :

LETTRES SUR LA PHILOSOPHIE DE L'HISTOIRE
1 volume in-18. Paris, 1864, librairie Germer Baillière,
2 fr. 50 c.

Voici la table de cet ouvrage : — I. Préambule. — II. La guerre et le droit des gens. — III. Les deux pôles de l'histoire. — IV. L'antagonisme. La force. Le tambour. — V. L'héroïsme court les rues. Qu'il n'y a pas de génie militaire. — VI. Frédéric-le-Grand supérieur à César et à Napoléon. — VII. La diplomatie jugée par les diplomates. — VIII. Le droit. Les traités de paix. — IX. Les congrès. Bilan diplomatique. — X. La France est une expression géographique. — XI. Comment finissent les nationalités. — XII. Le prochain morcellement de l'Europe. — XIII. Bassins et nationalités. Ce que c'est qu'une frontière. Les trois lois de l'histoire. — XIV. Grands empires et petits États. La fédération. Conclusion.

LA NAISSANCE DE JÉSUS. In-18. Paris, librairie Germer
Baillière, 1 fr.

POISSY. — IMP. ET STÉR. DE A. BOURET.

POURQUOI J'AI ÉCRIT CE LIVRE

POURQUOI J'AI ÉCRIT CE LIVRE

> La méthode qui résout chaque jour les problèmes du monde matériel et industriel est la seule qui puisse résoudre et qui résoudra, tôt ou tard, les problèmes fondamentaux relatifs à l'organisation des sociétés.
>
> M. BERTHELOT.

Notre époque, qui a fait une si large part à la science historique, en a trop négligé jusqu'ici le côté le plus important.

Nous avons l'histoire des batailles, l'histoire des révolutions, l'histoire des assemblées politiques, l'histoire des institutions, l'histoire des hommes et l'histoire des choses : il nous manque l'Histoire des Idées.

Mille volumes, au moins, nous ont fait assister aux évolutions des partis depuis 89, aux évolutions des armées : je cherche en vain un seul in-octavo qui nous raconte les évolutions de la pensée contemporaine. Nos historiens, amoureux de la stratégie militaire, passionnés pour la stratégie parlementaire, semblent n'avoir eu que des dédains pour la stratégie intellectuelle.

Jamais pourtant le mot *idées* n'a été plus souvent prononcé; les *idées modernes*, les *idées nouvelles*, les *idées libérales*, reviennent à chaque instant sous la plume des publicistes et sur les lèvres des orateurs. Mais autant le mot nous agrée, autant la chose nous fait peur ou nous fait pitié. Nous dressons des autels à l'idée; nous méprisons l'idéologue. L'*idée* est une sorte de divinité mystérieuse, qui ne doit pas sortir de la région des nuages. C'est un terme vague, élastique, bon à coller sur un drapeau, de même que l'on colle une étiquette sur un flacon pharmaceutique; l'idée, comme le laudanum, ne se débite qu'avec la formule: *médicament pour l'usage externe*, et ne se prend à l'intérieur qu'à faible dose. A l'idée nous préférons l'action, comme si celle-ci sans celle-là pouvait être autre chose qu'une poulie folle! Comme si le mouvement restait possible après la section des nerfs moteurs !

Les idées, en effet, constituent le système nerveux du corps social, qui, lui aussi, comme l'organisme humain, a son encéphale, ses fibres motrices, ses fibres sensitives, ses muscles irritables et ses nerfs irritants. L'idée est la moelle épinière de l'organisme politique.

Nous en sommes encore, en physiologie sociale, au point où en était naguère la physiologie proprement dite. L'*idée* est pour nous quelque chose comme l'*âme* de Stahl ou la *force vitale* de Barthez, quelque chose d'extérieur à l'organisme, quelque chose d'immatériel. La physiologie politique attend encore son Brown, son Bichat, son Virchow, son Claude Bernard, son Flourens.

Je le répète : nous avons l'histoire militaire des quatre-vingts dernières années, l'histoire dramatique, l'histoire anecdotique, l'histoire romanesque, l'histoire pamphlétaire, l'histoire politique, l'histoire parlementaire. Il nous manque l'histoire physiologique. — Quel beau livre on écrirait sous ce titre : PHYSIOLOGIE DES RÉVOLUTIONS FRANÇAISES DEPUIS TURGOT ! — Il nous manque l'*Histoire Idéologique*.

L'histoire générale des idées au xix⁰ siècle, dont cette monographie pourrait former un chapitre, se résumerait en l'histoire de quatre ou cinq individualités. La France contemporaine, si riche en poëtes, en orateurs, en écrivains, en savants, en artistes, ne compte en réalité qu'un nombre très restreint de penseurs. Tandis que les sciences naturelles ont accompli depuis soixante ans des progrès immenses, les sciences morales et politiques sont moins avancées qu'elles ne l'étaient au siècle dernier; elles vivent encore sur quelques formules banales, elles sont purement empiriques et méritent à peine le nom de sciences. C'est l'imprévu qui nous gouverne, a-t-on dit: est-ce que l'imprévu peut jamais avoir un caractère scientifique? Aussi nos gouvernements et nos hommes d'État se renferment-ils tous dans un cercle étroit d'expédients usés qu'ils décorent du nom de principes, et ne peuvent-ils sortir de cette phraséologie creuse qui constitue ce que l'on appelle notre droit public. Comment s'étonner de la fréquence des révolutions, dans un pays et dans un temps où la fiction règne et gouverne ; où l'on voit des politiques sans système, des théoriciens sans théorie, des philosophes sans philosophie, des doctrinaires sans doctrine?

En attendant que l'Académie des Sciences morales, qui mettait naguère au concours l'*Histoire des Idées dans l'antiquité ;* qui plus récemment posait la question du droit de punir, de l'influence des peines sur la moralité publique, et le problème de la décentralisation ; en attendant que l'Académie des Sciences morales, qui a parfois de singulières hardiesses ; qui, la première, ne l'oublions pas, a révélé, dès 1843, le nom de M. Proudhon, et accordé au fameux Mémoire : « *Qu'est-ce que la propriété ?* » l'honneur d'un rapport presque bienveillant ; en attendant que l'Académie des Sciences morales et politiques prenne l'initiative d'une enquête intellectuelle sur le temps présent et propose pour sujet d'études l'Histoire générale des Idées au xixe siècle, je veux essayer d'écrire au moins une page de cette histoire.

Parmi les quelques noms qui pouvaient servir de base à cette enquête, mon choix hésitait d'abord entre deux personnalités : Auguste Comte et Proudhon.

Le premier est un esprit purement spéculatif, un penseur, rien qu'un penseur.

Le second est à la fois un penseur, un polémiste et un écrivain.

Chez celui-là l'idée est un diamant brut; celui-ci l'a taillé et mis en pleine lumière. A l'un et à l'autre, pourtant, il manquait quelque chose.

Il me fallait un penseur qui, après avoir extrait le diamant, comme Auguste Comte; après l'avoir taillé en innombrables facettes comme Proudhon, sût l'utiliser comme Archimède, pour incendier les vaisseaux ennemis, pour détruire la flotte des erreurs, des préjugés du vieux monde. Il me fallait un homme d'idée qui fût doublé d'un homme d'action.

Voilà pourquoi j'ai donné la préférence à M. Émile de Girardin.

Ce choix m'a été dicté encore par un autre motif.

Certes, le fondateur de *la Presse* occupe dans l'opinion, en France et en Europe, une place considérable. Cette place est-elle pourtant celle qui lui revient légitimement, celle qu'il occupera dans l'avenir ? Je ne le crois pas.

Les contemporains ont parfois d'étranges préférences et de singulières injustices. Le combat d'un esprit supérieur contre son époque ressemble à la lutte de Jacob avec l'Ange; comme le patriarche, les contemporains ne se rendent qu'après avoir été

terrassés. Si l'on n'est pas prophète dans sa famille
et dans son pays, on l'est encore moins dans son
temps. Au dernier siècle, il n'était si petit écrivailleur qui ne se crût l'égal de Montesquieu ; l'année
dernière encore, avec quel sans-gêne le plus infime
publiciste ne parlait-il pas de Proudhon ; si Aristote revenait au monde — Aristote enrichi de toutes
les conquêtes faites par l'esprit humain depuis
deux mille ans — vous verriez Aristote traité avec
dédain par ceux-là mêmes qui le révèrent le
plus.

Comme les Hébreux, nous ne voulons, pour
marcher devant nous, que des idoles de bois ; il ne
nous faut que des supériorités factices et des hommes de génie en carton. La France du XVIIe siècle
mettait Pradon au-dessus de Racine ; au commencement du XIXe, l'Angleterre, qui avait Byron et
Shelley, réservait son admiration aux *lakistes ;*
l'Angleterre, qui entoure d'un véritable culte les
Wellington et les Palmerston, n'a que de l'estime
pour les Cobden, les Robert Peel, les Brougham ;
elle donne le premier rôle à un Russell et relègue
au second plan un Gladstone ! Naguère, chez nous,
que de bruit autour de la tombe de Murger, que de
silence autour du cercueil de Musset ! *Tout Paris*

1.

a conduit au cimetière un spirituel chroniqueur dont le nom m'échappe : nous étions huit au convoi d'Henri Heine ! La mort de M. de Tocqueville a été un deuil public : Je n'ai vu qu'une vingtaine d'amis aux obsèques d'Auguste Comte !

Nous sommes le peuple le plus fétichiste de la terre, à la condition que le fétiche soit le produit de notre caprice, la moyenne de toutes les nullités, ou l'œuvre de notre bassesse. Nous n'adorons que les dieux par nous formés à notre image ; nous n'aimons que les héros qui nous battent, nous ne nous inclinons que devant les intelligences qui ne nous portent pas ou ne nous portent plus ombrage; nous n'élevons de statues qu'aux grands hommes de notre taille. Le génie est un crime de lèse-médiocrité que l'on ne pardonne point aux vivants.

Il y a peut-être dans cet ostracisme moral plus de bonne foi et de naïveté qu'on ne serait tenté de le croire. Dans cet éloignement de la foule lettrée pour les natures d'élite, je retrouve quelque chose de la défiance qu'inspire à la blouse le paletot, et le citadin à l'habitant des campagnes. Nous ressemblons tous au paysan, qui préfère l'empirique au médecin, le charlatan au chirurgien, et qui, pour une opération, confiera sa jambe ou son bras moins volontiers à M. Velpeau qu'au *rebouteux* de son village.

Ce que par-dessus tout nous détestons, c'est l'universalité des aptitudes. M. Michelet signalait un jour comme le défaut capital de notre temps, l'abus de la spécialisation. La spécialité a tout envahi ; chacun est parqué dans sa spécialité comme un commis dans son rayon, comme un rouage dans sa courroie. La société n'est qu'une usine gigantesque où l'être humain devient l'esclave de la machine. « Il n'y a plus d'hommes, aujourd'hui, disait notre illustre maître, il n'y a plus que des moitiés, des quarts d'homme. »

De là cette haine ou ces railleries contre quiconque a la prétention de rester un homme complet. De même que le pâtissier veut empêcher le boulanger de faire de la brioche, nous ne permettons pas à l'auteur dramatique de faire de la politique, au philosophe d'écrire des romans, au romancier de faire jouer un drame, au savant de devenir homme d'État, à l'historien d'aborder la zoologie. Gœthe aujourd'hui n'aurait pas le droit d'être le plus grand naturaliste en même temps que le plus grand poëte de l'Allemagne ; d'écrire, après *Faust*, son fameux Mémoire sur *la métamorphose des plantes*, de découvrir l'existence chez l'homme de l'os intermaxillaire. Michel-Ange, aujourd'hui, devrait choisir entre la peinture, la statuaire et l'architecture : les admirateurs du *Jugement dernier* n'auraient que du dédain pour le *Moïse* et ne confieraient à l'architecte de Saint-Pierre de Rome pas même la construction d'une église de village. Xénophon, aujourd'hui, ne pourrait opérer son admirable retraite des dix mille qu'à la condition de n'écrire ni la *Cyropédie*, ni les *Mémoires sur Socrate*. En ce siècle de bifurcation, Bernard Palissy devrait opter entre la céramique et la géologie ; Vauban ne songerait guère à *la Dixme Royale*, s'il voulait devenir maréchal de France, et César ne persuaderait à personne qu'il a bien écrit lui-même les *Commentaires sur la guerre des Gaules!*

S'il est un criterium infaillible de la puissance intellectuelle, c'est assurément l'universalité des facultés et des aptitudes. Un homme spécial n'a jamais été, ne sera jamais un homme supérieur. La force de l'intelligence n'est point proportionnelle au poids du cerveau, mais bien au nombre des circonvolutions cérébrales, et par conséquent proportionnelle à la diversité de ses manifestations.

De même qu'un grand fleuve, cela ne veut pas dire un fleuve profond, mais un large fleuve recevant de nombreux affluents ; de même un grand esprit est un esprit vaste bien plus qu'un esprit profond. Les esprits et les fleuves trop profonds se perdent sous terre, comme le Rhône à Bellegarde. Ce n'est pas non plus l'élévation de la pensée, mais son étendue qui en constitue la valeur. La pensée trop élevée risque de disparaître dans les nuages. Les rois du monde végétal ne sont ni le palmier, ni le peuplier, ni le platane, ni le pin maritime, ni l'orme, dont les têtes superbes dominent tous les autres arbres : ce sont le chêne et le cèdre, qui se développent en d'innombrables branches et protégent la terre de leur bienfaisant ombrage. Dans le monde intellectuel la royauté appartient aux esprits dont les majestueux rameaux couvrent une surface plus considérable. Aristote est à la fois philosophe, littérateur, moraliste, publiciste politique, médecin, zoologiste, botaniste, chimiste, physicien, astronome, géomètre ; Aristote eût écrit l'*Iliade* et l'*Odyssée ;* Homère eût écrit la *Politique*, la *Rhétorique*, l'*Histoire des animaux*, la *Morale à Nicomaque*. On a donné bien des définitions du mot : génie ; je dirais volontiers à mon tour : « le génie, c'est l'universalité des facultés. » Il n'y a d'hommes de génie que les hommes encyclopédiques. — Hommes superficiels ! dira-t-on. Qu'importe ? La fécondité n'appartient, ni aux terrains primitifs, dont les assises sont posées dans les profondeurs du sol, ni aux terrains secondaires, tertiaires, quaternaires, dont les roches se sont lentement et laborieusement stratifiées ; elle n'appartient pas davantage aux masses granitiques qui dressent leurs têtes neigeuses à quatre mille mètres de hauteur ; la fécondité appartient à cette légère couche de terre végétale dont l'épaisseur ne dépasse pas quelques centimètres ! Entendez-vous d'ici les glaciers du Mont-Blanc et les épais terrains de la période Silurienne, entendez-vous ces altiers ou ces profonds *spécialistes*, reprocher son caractère superficiel au sol fertile de la Touraine, qui peut produire à la fois la vigne et le froment, les forêts et les pâturages, les fruits et les légumes ?

Pourquoi Voltaire, qui n'est ni un grand poëte, ni un grand philosophe, ni un grand historien, ni un grand physicien, ni un grand auteur tragique, ni un grand romancier ; qui n'a produit aucun chef-d'œuvre digne d'être éternellement attaché à son nom ; que l'on diminuerait en l'appelant l'*auteur* de la *Henriade* ou l'auteur de *Zaïre*, l'auteur de *Candide* ou l'auteur de l'*Essai sur les mœurs*, l'auteur du *Mondain* ou l'auteur du *Siècle de Louis XIV*; pourquoi Voltaire occupe-t-il, parmi les écrivains français, la première place ? pourquoi a-t-il donné son nom à son temps, sinon parce qu'il a porté sur tous les sujets, sur tous les problèmes, les investigations de sa lumineuse intelligence; sinon parce qu'il a osé aborder tous les genres littéraires et toutes les questions philosophiques, et qu'il résume en sa personne les aspirations, les tendances, les besoins, les travaux, les haines, les recherches, les passions, les luttes, les idées, de son époque? Voltaire est plus et mieux qu'un grand écrivain : il est une résultante.

C'est le rôle des esprits de premier ordre de concentrer en eux, comme en un foyer, tous les rayons de leur siècle, pour en projeter sur le présent et sur l'avenir la lumière totale. L'homme de génie seul a le pouvoir de s'assimiler tous les éléments nutritifs qui l'entourent, toutes les substances, tous les fluides : c'est ce qui établit sa prépondérance sur ses semblables. L'homme est le seul animal qui soit *omnivore*; l'homme de génie possède sur les autres hommes la même supériorité. C'est pour cela qu'Athènes exilait ou tuait ses héros, que Florence proscrivait Dante et Machiavel ; c'est pour cela que les aristocrates de la pensée sont plus impopulaires que les aristocrates de naissance; c'est pour cela que les accapareurs de talent sont attaqués avec plus de rage que les accapareurs de blé.

Ce qu'un éminent critique a tenté récemment sur un mort, pourquoi ne l'essaierais-je pas à l'égard d'un vivant? L'étude que M. Sainte-Beuve aurait pu faire, il y a longtemps, sur l'auteur désormais immortel des *Contradictions Économiques*, je veux le faire sur un homme qui n'a pas remué moins d'idées, ni soulevé moins de tempêtes, provoqué moins de colères, engendré moins de haines, écrit moins de pages, accompli moins de travaux, et qui a exercé peut-être une influence — ouverte ou latente — plus réelle, plus immédiate, plus considérable, sur ses contemporains; sur un homme qui n'a pas encore trouvé tout ce qu'il cherche ni dit son dernier mot. Proudhon a rendu lui-même au rédacteur en chef de la *Presse* ce précieux témoignage : « M. de Girardin est l'esprit le plus vaste de toute la presse parisienne. Il possède à un degré supérieur la faculté essentielle de l'homme d'État : le bon sens. »

Ce livre n'est point une biographie; c'est une étude politique et sociale sur les trente dernières années. Il n'y faut chercher ni une apologie, ni un pamphlet, mais une enquête consciencieuse. Ce que je trace ici, c'est une page détachée de l'Histoire générale des idées au XIX° siècle, page écrite froidement et sans passion, en toute indépendance des choses et des hommes. En commençant cette tâche, je me suis pénétré des paroles de Dante que M. Émile de Girardin a adoptées pour devise :
« *Io vo... cercando il vero.* »

Mirebeau-en-Poitou, 15 mars 1866.

I

L'HOMME

I

L'HOMME

Parmi les plus charmants tableaux de Greuze, il est une toile restée célèbre sous le nom de *la jeune fille à la colombe*. C'est le portrait d'Adélaïde-Marie Fagnan, fille d'un haut fonctionnaire des Finances sous le roi Louis XVI, mariée, à seize ans, à un jeune magistrat, M. Dupuy, devenu plus tard conseiller à La Guadeloupe, mort en 1842 conseiller à la Cour Royale de Paris.

L'observateur qui, vers 1815, se fût transporté par hasard dans un village de Normandie, au *Pin*, près d'Argentan, eût retrouvé là, chez un palefrenier du haras royal, nommé Darel, et sous les traits d'un blond enfant d'une dizaine d'années, *la jeune fille à la colombe*.

Triste et rêveur, cet enfant, dont la peau blanche et fine, les extrémités délicates, la physionomie intelligente, les lèvres pincées, dénotaient tout d'abord l'origine aristocratique, avait dans le regard quelque chose de vague et d'inquiet, et dans toute sa personne je ne sais quoi de mystérieux. On devinait bien vite qu'il se trouvait en face d'un sérieux problème à résoudre, d'une énigme douloureuse à déchiffrer. Nature aimante, cœur chaud, il souffrait de son isolement; avide d'instruction, il se sentait dépaysé dans une école primaire; né à Paris, il cherchait la raison de son exil immérité dans un hameau de province. Jaloux des caresses prodiguées aux enfants de son âge, il voyait nuit et jour passer devant ses yeux l'image d'une belle jeune femme dont les embrassements furtifs étaient autrefois pour lui une douce habitude; il se demandait avec chagrin pourquoi ces visites fréquentes, devenues rares d'abord, avaient cessé depuis longtemps; pourquoi depuis longtemps il n'avait aperçu qu'en songe un noble et martial visage dont les traits étaient profondément gravés dans sa mémoire, ni senti que dans ses rêves l'impression d'un baiser, l'étreinte de deux bras. Il comprenait instinctivement qu'il avait droit à une autre situation que la sienne, à un autre nom que celui qu'il portait, à la même sollicitude qui s'était étendue sur ses premières années. Il avait la triple nostalgie du nom, de l'affection d'un père, et de la tendresse maternelle.

Faussement déclaré sous le nom « d'Émile de La-
» mothe, fils de père inconnu et de demoiselle de
» Lamothe, lingère, fille d'un sieur de Lamothe,
» demeurant au Mans, » personnages complétement imaginaires, ÉMILE DE GIRARDIN est né le 22 *juin* 1806. Singuliers caprices du hasard ! C'est précisément le jour anniversaire de sa naissance, le 22 *juin* 1834, qu'il naît à la vie politique, qu'il est élu à la presque unanimité, député de Bourganeuf; c'est le 22 *juin* 1838 qu'est jugé et gagné en première instance un procès dans lequel son honneur est indirectement et fort injustement engagé ; c'est le 22 *juin* 1847, qu'il comparaît devant la cour des Pairs, où il est acquitté à une grande majorité; c'est le 22 *juin* 1848 qu'il écrit cette prophétie mémorable : « La Présidence aux appointements de 600,000 francs sera l'écueil où viendra se briser la république de Février ; » c'est ce même jour, 22 *juin*

1848, que commence ou se prépare l'insurrection à l'occasion de laquelle il est jeté dans un cachot par le général Cavaignac, né comme lui en 1806 ; c'est le 22 *juin* 1850 qu'il publie ses Lettres sur *l'Abolition de la misère*, adressées à M. Thiers, avec qui sa première entrevue, relative à la création des caisses d'épargne, avait eu lieu le 22 *juin* 1833 ! Ce mois et ce chiffre jouent un rôle important dans son existence. C'est en *juin* 1831 qu'il épouse mademoiselle Delphine Gay ; c'est en *juin* 1855 qu'il a la douleur de perdre la femme de cœur et de talent qui l'avait soutenu dans toutes ses luttes, encouragé dans tous ses travaux. C'est en *juin* 1846 que son projet sur *la réforme postale* est repoussé par la Chambre des députés ; c'est en *juin* 1847 qu'une demande en autorisation de poursuites est déposée contre lui, en *juin* qu'elle est accordée. C'est en *juin* 1848 qu'il obtient à Paris, bien qu'il ait décliné toute candidature, 70,500 voix ; en *juin* 1848 également qu'il passe onze jours à la conciergerie, où il est mis au secret le plus absolu ; c'est en *juin* 1849 qu'a lieu la réunion de journalistes à raison de laquelle il est plus tard cité comme témoin devant la haute Cour de Versailles, où la hardiesse de son témoignage restera dans les fastes judiciaires ; c'est en juin 1850 qu'il est nommé représentant du peuple par le département du Bas-Rhin. C'est à 22 ans qu'il publie son premier livre, fait paraître son premier journal et se bat en duel pour la seconde fois. C'est avec une jeune fille de 22 ans qu'il se remarie, en 1856, 22 ans après son entrée dans la vie politique. C'est un 22 novembre que meurt le mari de sa mère ; c'est un 22 août que la Cour Impériale de Paris délibère sur un grave procès qui l'intéresse, délibération entourée des circonstances les plus invraisemblablement romanesques ; c'est un 22 septembre qu'il subit un échec aux troisièmes élections de 1848. Enfin, c'est 22 ans après l'année 1814, où l'on avait espéré l'éloigner de Paris pour toujours, le reléguer à jamais dans l'obscurité, et 22 ans avant l'année 1858 où paraissent les douze volumes des *Questions de mon Temps* et où le *Moniteur* publie, le 22 novembre, sa nomination comme membre du Conseil Supérieur de l'Algérie ; c'est, dis-je, 22 ans après 1814 et 22 ans avant 1858, que s'accomplit le double événement qui doit soulever autour de son nom tant de bruit, tant de haines, tant de colères, et tenir une si grande place dans sa vie : c'est un 22 juillet, 22 jours après l'apparition du premier numéro de *la Presse*, que s'accomplit le drame sanglant de Saint-Mandé.

Ne faudrait-il point chercher peut-être dans ces rapprochements, dans ces coïncidences étranges, la cause de la prédilection toute particulière de M. de Girardin pour les chiffres, pour les dates? Ne pourrait-on pas dire en variant un vers célèbre :

Habent sua fata *numeri*.

De 1806 à 1814, le jeune Émile avait été l'objet des soins les plus tendres de la part de son père, le général comte Alexandre de Girardin, et de sa mère, madame Dupuy, née Adélaïde-Marie Fagnan, qui était, comme je l'ai dit, remarquablement jolie. — Madame Fagnan était elle-même très-belle, fort riche, et plus distinguée encore par les dons de l'esprit. Elle peignait et écrivait avec talent. Son portrait, peint par Greuze comme celui de sa fille, faisait partie naguère de la galerie du duc de Morny. — Tout à coup ces soins lui manquent, cette sollicitude fait place à un double et complet abandon. Le comte Alexandre de Girardin s'est marié. Madame Dupuy n'a plus désormais qu'une préoccupation qui devient fixe : faire perdre à l'enfant les traces de sa naissance, afin qu'il ne puisse pas un jour être tenté de réclamer ses droits de fils et de se faire réintégrer dans la possession de son état-civil. Son éducation est sacrifiée tout entière à cette crainte, qu'explique et que n'excuse point chez une mère, la qualité de femme d'un magistrat. Mais c'est en vain qu'on lui fait quitter Paris, qu'on le sèvre de toutes les caresses accoutumées, qu'on s'entoure le cœur d'une armure d'airain pour le lui fermer irrévocablement et lui ôter jusqu'à la pensée d'y reprendre jamais sa place. C'est en vain que l'on invoque le triple secours de l'éloignement, du temps et de l'oubli : il est des souvenirs ineffaçables ! Ces souvenirs, échelonnés, comme les petits cailloux du pauvre enfant perdu des contes de fées, dans les carrefours de la forêt, le long du chemin de la maison paternelle, ces souvenirs sont encore vivants dans sa mémoire, quand il revient de Normandie en 1824, pour entrer au cabinet du secrétaire-général du ministère de la maison du Roi. Il a, lui aussi, son idée fixe, que n'ont pu détruire ni entamer dix années d'abandon.

A peine vient-il d'être admis, grâce à l'intervention de la vicomtesse de Senonnes, avec laquelle il s'était rencontré au château du Bourg, voisin du haras du Pin — dans les bureaux du ministère de la maison du Roi, qu'il en sort pour suivre dans sa retraite le vicomte de Sénonnes, qui, au retour d'Espagne du maréchal Lauriston, donne sa démission des fonctions de secrétaire-général. C'est alors qu'il entre chez un agent de change, où il reste à peine le temps d'y perdre la moitié du capital d'une rente de 1200 francs, qui lui avait été achetée en piastres d'Espagne pour subvenir à ses frais d'entretien. Cette perte de 6,500 francs ainsi consommée; ne possédant d'autre instruction que celle qu'il a puisée dans la lecture d'une bibliothèque de château, composée presque exclusivement de romans; n'ayant à attendre aucun appui, ni de son père qui n'a jamais voulu le revoir, ni de sa mère dont il est parvenu à se rapprocher, mais qui ne lui pardonne pas cette première tentative; ne sachant que faire, découragé, il ne lui reste qu'un seul parti à prendre : c'est de s'engager comme soldat dans l'armée, où sa naissance l'eût naturellement appelé à entrer en qualité d'élève de Saint-Cyr, si la sollicitude qui s'était étendue sur lui jusqu'en 1814 avait continué d'y veiller. Mais la carrière militaire, la seule qui lui paraisse accessible, ne doit pas s'ouvrir pour lui. Soumis à l'inspection du chirurgien-major du régiment de hussards commandé, en 1826, par le prince de Léon, il est déclaré trop faible de complexion pour être admis.

Il a vingt ans. Voyant s'évanouir devant lui cette dernière espérance, il va habiter, au rez-de-chaussée de la maison qui porte le numéro 28 dans l'avenue des Champs-Élysées, une petite chambre, où il essaie de vivre avec ses 600 francs de rente, en réduisant strictement ses dépenses à l'ordinaire du soldat. Le sou de poche est employé en achats de papier, de plumes et d'encre. En proie aux souffrances de l'isolement, l'idée lui vient un jour de les décrire dans un de ces récits autobiographiques illustrés déjà par *René* et par *Adolphe*, et que l'auteur d'*Ourika* et d'*Édouard* venait de remettre à la mode : récits où la fiction est séparée de la réalité par une ligne indécise qui leur prête un nouveau charme. A ce roman il donne pour titre son nom, parvient à trouver un éditeur pour publier *Émile*, qui obtient un succès inattendu, et que Jules Janin qualifie tout simplement de chef-d'œuvre.

M. de Girardin doit ne pas se rappeler sans émotion et sans orgueil ces premiers jours de sa vie d'homme, ces luttes solitaires contre la tristesse et la gêne, ces longs monologues dans cette humble petite chambre du numéro 28, quittée trop tôt peut-être pour le somptueux hôtel qui se dressait de l'autre côté de l'avenue. Oui : que M. de Girardin me pardonne ; je regrette pour lui qu'il soit resté trop peu de temps à l'école de l'adversité, qu'il n'ait fait qu'effleurer du bout des lèvres la coupe fortifiante de la pauvreté et qu'il n'ait pas même entrevu la misère. La veille d'un tournoi, les anciens chevaliers s'agenouillaient, la nuit entière, sur la dalle humide et froide d'une chapelle, dans le recueillement et dans la prière : je regrette que, pour M. de Girardin, cette *veille des armes* n'ait duré qu'une heure.

Cet abandon qui lui pèse, c'est le ressort le plus puissant de l'esprit ; cet isolement qui le désespère, c'est le milieu naturel des âmes d'élite. Il n'y a que les petits enfants qui aient peur dans l'obscurité, qui s'effraient de la solitude. « L'efficacité de la solitude, a dit un écrivain de génie, Thomas Carlyle, qui la chantera? Des autels devraient être élevés au silence, à la solitude. Le silence est l'élément dans lesquel les grandes choses se forment et s'assemblent. Ce n'est pas seulement Guillaume-le-

Taciturne, mais tous les hommes éminents que j'ai rencontrés, les moins diplomatiques, les moins rusés, qui redoutaient de parler. Un proverbe suisse prétend que *la parole est d'argent*, que *le silence est d'or*; je dirai, moi : la parole est du temps, le silence est de l'éternité. Les abeilles ne travaillent que dans les ténèbres; la pensée ne travaille que dans le silence, la vertu ne travaille que dans la solitude. »

La solitude répond si bien à un besoin de l'esprit humain; il y a en elle des jouissances intimes si vives, qu'il n'est aucun de nous qui, dans son enfance, n'ait envié au héros de Daniel de Foë son naufrage et son île déserte. Tous les hommes de génie se sont formés, retrempés, ou reposés, dans la retraite; c'est par le recueillement qu'ils ont prélude à la pensée ou à l'action; c'est à la solitude qu'ils ont demandé leur inspiration ou leur récompense. « Tout notre mal, dit la Bruyère, vient de ne pouvoir être seuls. » La solitude a été la première muse de tous les poëtes. C'est l'*Isolement* que M. de Lamartine a pris pour titre et pour sujet de sa *Première Méditation* :

Souvent, sur la montagne, à l'ombre du vieux chêne,
Au coucher du soleil, tristement je m'assieds;

> Je promène, pensif, mon regard sur la plaine
> Dont le tableau changeant se déroule à mes pieds.

C'est aussi l'isolement qui a fait les penseurs et les politiques, les législateurs et les saints : Solon et Moïse, aussi bien que Platon, saint Jérôme et Jean-Jacques Rousseau. C'est dans un nuage, au sommet d'une colline, que Jésus médite et prépare le *Sermon sur la montagne*. « Il semble, dit Montesquieu, que les têtes des plus grands hommes se rétrécissent lorsqu'elles sont assemblées, et que là où il y a plus de sages, il y ait aussi moins de sagesse. » Pour qu'un monument nous apparaisse dans son entier, dans toute l'harmonie de ses proportions, dans toute sa majesté, il a besoin d'être dégagé des constructions environnantes. L'or n'acquiert sa valeur qu'après avoir été extrait du minerai ou séparé du sable auquel il est mêlé. Il faut au fluide électrique une isolation absolue. Un chêne ne grandit bien qu'à l'écart; l'aigle plane, seul, dans l'espace; le lion marche isolé dans la profondeur des forêts.

Le jour où il atteint sa vingt et unième année, le 22 juin 1827, le jeune auteur d'*Émile* prend résolument le nom d'Émile de Girardin. C'est le premier usage qu'il fait de sa majorité. Entre un défi audacieux porté à son père, jouissant de toute la faveur du roi, et un procès criminel en suppression d'état intenté à sa mère, en puissance de mari, tout autre eût peut-être hésité; il n'hésite pas, bien que les preuves par témoins et par écrit ne lui fassent point défaut. C'est sous ce nom qu'il est appelé par M. de Martignac, ministre de l'intérieur, le 2 août 1828, aux fonctions purement honorifiques d'Inspecteur des Beaux-Arts, emploi où doit le remplacer, après 1830, M. Édouard Bertin, aujourd'hui directeur du *Journal des Débats*. C'est sous ce nom qu'il fonde avec M. Lautour-Mézerai, le 5 avril 1828, le journal *Le Voleur*, et l'année suivante, un autre recueil, *La Mode*, que patronne la duchesse de Berry; c'est sous ce nom qu'en 1831, après avoir suppléé à l'acte de naissance qui lui manque par un acte de notoriété, il épouse une jeune fille belle, spirituelle, déjà célèbre par son talent, mademoiselle Delphine Gay, fille de madame Sophie Gay, et qui devait écrire *Cléopâtre, Lady Tartuffe, La joie fait peur*, les *Lettres Parisiennes* du vicomte de Launay, *Marguerite ou Deux Amours*, et tant d'autres œuvres charmantes. C'est sous ce nom qu'en 1834, il se présente aux électeurs du collége de Bourganeuf (Creuse) où il réunit la presque unanimité des suffrages, et qu'il voit son élection validée sans opposition ni protestation par la chambre des députés [1].

Trois ans plus tard ont lieu, le 5 novembre 1837, de nouvelles élections générales. Mais les circonstances sont bien changées depuis 1834. De violentes animosités se sont formées contre M. de Girardin. MM. Dornès et Lebreton, quoique étrangers à l'arrondissement de Bourganeuf, s'y rendent en poste pour combattre à outrance sa réélection. Il est néanmoins réélu, et à son retour à Paris il les fait condamner comme diffamateurs à cinq cents francs d'amende et à huit mille francs de dommages-intérêts. Ces 8,000 francs sont donnés aux pauvres de l'arrondissement de Bourganeuf. M. Aristide Guilbert, également étranger au département de la Creuse, adresse à la Chambre une protestation contre son admission, affirmant, sans produire aucune preuve, que l'élu de la Creuse n'est point Français, qu'il est Suisse. C'est à l'occasion de cette protestation, que le comte Alexandre de Girardin est entendu par le bureau chargé de véri-

---

[1]. Je réserve pour les chapitres intitulés : *l'homme politique*, *le journaliste*, tous les détails relatifs à son attitude à la Chambre et à ses diverses publications périodiques.

fier les pouvoirs de son fils, et c'est à ce témoignage que le rapporteur, M. Gillon, fait allusion en ces termes : « La commission tout entière est de cet
» avis : oui, M. Émile de Girardin est né sur le sol
» français. Tous cinq nous en avons la confiance la
» plus entière, la croyance la plus absolue; nous
» sommes unanimes sur ce point moral, au sujet
» duquel nous avons recueilli un témoignage que
» l'honneur nous défend de révéler.

Cette déclaration, consignée dans le *Moniteur* du 24 décembre 1837, est une preuve irrécusable que M. Émile de Girardin porte un nom qui lui appartient légitimement, sinon légalement; et pourtant, aux élections générales du 4 mars 1839, sa réélection est annulée, le 13 avril, au scrutin secret, par ce motif « qu'il ne justifie pas suffisamment qu'il soit Français. » Elle est annulée quoiqu'il fasse partie depuis cinq ans de la Chambre des députés, qu'il ait été réélu quatre fois, et toujours à une immense majorité ! Ces haines acharnées ne l'empêchent pas, aux élections générales de 1842, d'être simultanément élu par deux colléges : par le collège de Bourganeuf (Creuse) et par le collége de Castelsarrazin (Tarn-et-Garonne). C'est par cette double élection que les électeurs répondent au libelle que fait paraître M. Dornès, en dépit et peut-être à cause de sa condamnation de 1837 à huit mille francs de dommages et intérêts et à cinq cents francs d'amende. Cette fois encore, une nouvelle protestation, signée notamment des noms de MM. Goudchaux et Hingray, appartenant à la rédaction du *National*, est adressée contre son admission; cette fois encore, le scrutin secret est demandé. Mais cette fois l'admission est prononcée, le 2 août, à une immense majorité. Le 27 du même mois, M. de Girardin est nommé chevalier de la légion d'Honneur.

Ces haines implacables, que nous allons voir se transporter, avec autant d'impuissance et sans plus de succès, du terrain politique sur le terrain judiciaire, avaient été déchaînées par deux événements mémorables : une révolution économique et un duel à jamais malheureux; la fondation d'un journal à 40 francs, la mort de M. Armand Carrel.

M. de Girardin s'était battu, pour la première fois, au pistolet, en 1824, à l'âge de dix-huit ans, et pour le motif le plus futile, avec un jeune homme nommé Dacosta. Il avait eu un second duel, à l'épée, en 1828, avec M. Perpignan, qui vit encore (1866.) Ses témoins étaient M. Deltour, et M. Lautour-Mézeray, devenu depuis préfet d'Alger. En 1834, il avait eu une troisième rencontre, au pistolet, avec M. Degouve-Denunques. Ses témoins dans cette affaire étaient MM. de Rancé, député, et Lautour-Mézeray. Son quatrième duel devait avoir une terminaison fatale.

Le 1er juillet 1836 paraît le premier numéro de *la Presse*, journal quotidien ne coûtant que 40 fr. par an au lieu de 80, et basé sur cette idée économique dont le succès a constaté la justesse : « Le produit des annonces étant en raison du nombre des abonnés, réduire le prix d'abonnement à sa plus extrême limite pour élever le chiffre des abonnés à sa plus haute puissance. » Quoique incontestable, cette idée n'en est pas moins contestée avec toute l'animosité d'intérêts étonnés qu'on ose se mesurer avec eux, et qui se dissimulent plus ou moins heureusement derrière une question de dignité, de moralité, se couvrent de grands mots, de grandes phrases ! On en était encore à cette idée fausse qui fait du journal un trépied et du journaliste un grand-prêtre. « On venait proposer, dit un contemporain, de changer en un trafic vulgaire ce qui est une magistrature et presque un sacerdoce. » — Étrange sacerdoce où le pontife est choisi par lui-même et sacré de ses propres mains ! —

Les affiches de *la Presse* à 40 francs sont arrachées, ses prospectus lacérés; des hommes d'opinion ardente demandent, au nom de la liberté, que la nouvelle feuille soit bannie des lieux publics. Un mot d'ordre est donné. Tous les journaux de Paris, des départements et de l'étranger, se liguent pour perdre *la Presse* en cherchant à perdre la personne du directeur. Les pamphlets, les provocations s'accumulent; les injures, les calomnies se succèdent, s'entassent. « *M. de Girardin*, dit M. Louis Blanc, le disciple et l'ami de Carrel, à qui j'emprunte ces détails, en les contrôlant par mes renseignements personnels, et dont le témoignage ne saurait être suspect, *M. de Girardin fut attaqué avec un blâmable excès d'âpreté.* »

M. Capo de Feuillide, rédacteur du *Bon Sens*, met dans ses attaques une telle persistance, et les formule *sur un ton tellement dépourvu de mesure et de gravité* (*Histoire de Dix ans*), que M. de Girardin croit devoir y répondre par un procès en diffamation. Le 20 juillet M. Carrel publie dans le *National* quelques lignes où il approuve sans réserve l'attitude du *Bon Sens* et de M. Capo de Feuillide. M. de Girardin réplique par un article qui semblait jeter des doutes sur la loyauté de M. Armand Carrel et annonçait en termes généraux des attaques ultérieures. Ému, blessé au vif, le rédacteur en chef du *National*, accompagné de M. Adolphe Thibaudeau, se rend chez le rédacteur en chef de *la Presse*; il entre tenant à la main le journal de son adversaire. M. de Girardin se hâte d'envoyer chercher un de ses amis, M. Lautour-Mézeray. Après d'assez longs pourparlers, il est convenu que quelques mots d'explication seront publiés le lendemain. M. de Girardin parlant de rédiger la note séance tenante : « Vous pouvez vous en fier à moi, monsieur, » lui dit Carrel avec fierté.

La querelle semble éteinte, un incident la rallume. M. de Girardin demande que la note paraisse simultanément dans les deux journaux; M. Carrel veut, au contraire, qu'elle soit insérée d'abord dans *la Presse*; il rencontre sur ce point une opposition persistante et légitime. Alors, étonné, froissé de cette résistance, il se lève et dit : « Je suis l'offensé, je choisis le pistolet. » Il sortait lorsque, par une louable inspiration, M. Lautour-Mézeray court après lui pour le retenir et le calmer. Mais *une inexorable fatalité pesait sur toute cette affaire*. Le soir, la discussion se rallume entre MM. Ambert et Thibaudeau, d'une part; MM. Lautour-Mézeray et

Paillard de Villeneuve [1], de l'autre; on ne peut s'entendre.

Ce fut le vendredi 22 juillet 1836, de grand matin, qu'Armand Carrel et Émile de Girardin se retrouvèrent en présence dans le bois de Vincennes : le premier, accompagné de MM. Maurice Persat et Ambert; le second ayant pour témoins MM. Lautour-Mézeray et Paillard de Villeneuve. Pendant qu'on chargeait les pistolets, Carrel dit à son adversaire : « Si le sort m'est contraire, monsieur, et que vous fassiez ma biographie, elle sera honorable, n'est-ce pas, c'est-à-dire vraie? »

— « Oui, monsieur, répondit M. de Girardin. »
Les témoins avaient mesuré une distance de quarante pas, en laissant aux adversaires la faculté de s'avancer chacun de dix pas. M. Carrel s'avance à la limite marquée : il tire, et sa balle, contournant l'os, traverse de part en part la cuisse gauche de M. de Girardin, qui tire sans s'avancer. Sa balle atteint dans l'aine M. Carrel et le frappe mortellement. Les adversaires sont étendus par terre, l'un à gauche, l'autre à droite, aux bords du chemin.

1. Avocat, aujourd'hui rédacteur en chef de la *Gazette des Tribunaux* et membre du conseil de l'Ordre.

La balle qui a traversé la cuisse de M. de Girardin l'a moins douloureusement atteint que la balle même qui a tué M. Armand Carrel. Celle-ci lui a fait une de ces blessures qui peuvent se fermer un instant, mais qui ne se cicatrisent jamais. Elle s'est rouverte plus d'une fois depuis lors : le 14 mars 1845, aux funérailles de Dujarier, tué en duel par M. de Beauvallon : — «.... Placé entre la tombe qui est sous mes yeux, et *celle qui demeure ouverte et cachée dans mon cœur*[1]... » — ; plus tard, à l'occasion de la mort prématurée d'Aristide Ollivier, qui lui a inspiré quelques lignes éloquentes. Elle a saigné surtout le jeudi 2 mars 1848, le jour où *répondant à un noble appel qui lui avait été adressé*, et se joignant au cortége qui allait en pèlerinage au cimetière de Saint-Mandé, il prononçait sur la tombe de Carrel des paroles qui sont dans toutes les mémoires. C'était la première fois que je voyais M. Émile de Girardin; je me rappelle encore sa pâleur, son trouble, l'émotion de sa voix.

Au lieu de reproduire ce discours, que l'on peut trouver dans les *Questions de mon temps*, j'aime mieux extraire d'une lettre que M. de Girardin m'écrivait, le 23 octobre 1865, le passage suivant :

1. Voir les *Questions de mon temps*.

« ..... Les duels sont des manques de présence d'esprit. Il n'en est pas un qu'on ne puisse éviter avec le mot juste dit à propos. Les duels sont des abus de courage et des erreurs d'esprit. J'ai empêché tous ceux où j'ai été appelé en qualité de témoin. Je suis devenu l'ennemi systématique du duel ; je ne l'admets en aucune circonstance, soit qu'on ait tort, soit qu'on ait raison. Dans le premier cas, soyez humble et sincère ; dans l'autre cas, soyez dédaigneux et indulgent. Quand je pense que mon premier duel a eu lieu pour un démenti donné sur la question de savoir si Choiseul devait s'écrire *Choiseul* ou *Choiseuil*, avec un seul *i* ou avec deux *i !* ...... »

Les haines de parti soulevées par le déplorable duel de Saint-Mandé ont poursuivi longtemps le directeur de *la Presse;* aujourd'hui, après trente ans, elles ne sont pas éteintes. « Chez plusieurs des amis de Carrel, dit M. Louis Blanc, la *fureur* était au comble. »

Cette *fureur*, impuissante, comme nous l'avons vu, à atteindre M. de Girardin dans sa nationalité, dans son nom, dans sa vie publique, essaya de le frapper dans sa vie privée, dans sa considération.

Cette *fureur* peut seule expliquer le procès intenté à M. de Girardin en sa qualité de membre du conseil de gérance du *Musée des Familles*, administré par M. Auguste Cleemann, dont le père avait été, jusqu'à la révolution de 1830, l'associé de M. Vassal, banquier à Paris et député. M. de Girardin est accusé d'avoir concouru à la distribution de dividentes fictifs. Une demande en autorisation de poursuites est adressée, le 19 février 1838, à la Chambre des députés. Quoique cette autorisation soit refusée, M. de Girardin donne sa démission et vient ainsi au-devant du débat judiciaire. Le procès gagné fait justice de la fausseté de l'imputation. Le succès du *Musée des Familles*, taxé de chimérique, était si réel qu'il dure encore. Mais le gain de ce procès, suivi, le 17 avril, d'une éclatante réélection, ne fait pas le compte de ceux qui se sont donné pour tâche de venger la mort de M. Carrel en perdant M. Émile de Girardin. Ils font un second procès à M. Auguste Cleemann, qui s'est chargé, en qualité de banquier, de l'émission des actions de la mine de houille de Saint-Bérain (Saône-et-Loire). Ils espèrent rencontrer derrière lui M. de Girardin. Sur leurs plaintes toute la correspondance et tous les livres de la comptabilité sont saisis : mais leur attente est trompée. Le procès est gagné en première instance, de la manière la plus complète, le 22 juin 1838. Appel est interjeté.

Ici nous nous trouvons en face d'un de ces jeux étranges du hasard, qui paraîtraient invraisemblables dans le roman le plus fantastique. La chambre de la Cour Royale à laquelle est déféré le jugement de première instance se trouve présidée par M. Dupuy, le mari de la mère d'Émile de Girardin !

M. Cleemann perd en appel le procès gagné en première instance. Mais en appel comme en première instance il est matériellement faux que M. de Girardin ait jamais été partie au procès, jamais mis en cause. Y eût-il été mis qu'il pourrait l'avouer ; car cette houillère, à l'occasion de laquelle il a été jugé en appel le contraire de ce qui avait été jugé en première instance, est l'une des houillères du bassin de Saône-et-Loire d'où l'on extrait de la houille en plus grande quantité et de la meilleure qualité. Cette mine vaut dix fois le prix pour lequel, en 1838, elle fut mise en actions. Cette erreur judiciaire, matériellement prouvée par la valeur actuelle de la mine de Saint-Bérain, n'est pas la première qui ait été commise.

Toujours par suite des mêmes *fureurs*, — pour employer le mot de M. Louis Blanc — la liquidation de la société du journal *la Presse* est demandée et obtenue. Le journal est mis en vente; il est acheté, le 31 août 1839, par M. de Girardin conjointement avec M. Dujarier, moyennant la somme de 127,361 francs. Du 31 août 1839 au 31 décembre 1856, *la Presse*, qui n'a réellement coûté à fonder que 280 000 francs, produit 2,833,812 francs. C'est ainsi que son fondateur répond aux négateurs qui avaient prétendu que les bases économiques de *la Presse* la vouaient irrévocablement à la ruine.

De toutes ces calomnies, en dépit du mot de Basile, il ne *reste*, il ne peut rester absolument rien. Il suffit de les regarder en face pour qu'elles s'évanouissent. Bien loin de les éluder, M. de Girardin a toujours marché résolument au-devant d'elles. Je me souviens qu'aux élections du 10 mars 1850, après avoir répondu, de la manière la plus satisfaisante et aux applaudissements de l'assemblée, à toutes les questions qui lui étaient adressées par le Comité central des délégués, M. de Girardin prit lui-même, à défaut du comité, l'initiative d'un éclaircissement sur la fameuse affaire des Mines de Saint-Bérain. Ses explications si nettes, si claires, si franches, n'eurent pas de peine à porter dans tous les esprits la lumière et la conviction.

Une autre fois il est publiquement accusé de s'être vendu au gouvernement russe. On lit dans la *Démocratie pacifique* du 12 mars 1846 : « On assure qu'un grand journal a vendu sa question polonaise à la Russie pour 80,000 francs. » M. de Girardin répond :

« Je place la *Démocratie pacifique* dans l'alternative :

» Ou de faire connaître à ses lecteurs les *motifs plausibles* sur lesquels elle base son accusation ; et pour peu qu'elle apporte, non pas une preuve, mais le *plus léger indice*, la moindre *présomption*, je suis prêt à verser dans la caisse des refugiés polonais 80,000 francs, plus toutes les sommes que je passe pour avoir reçues;

» Ou de se préparer à s'expliquer devant les tribunaux ;

» Ou de se rétracter. »

Le journal accusateur propose un jury d'honneur et prend pour arbitre M. Agénor de Gasparin; *la Presse* choisit l'un de ses plus honorables adversaires politiques, M. Alexis de Tocqueville. Ce jury, après une sérieuse enquête, condamne catégoriquement la *Démocratie pacifique* et déclare son accusation dénuée de toute espèce de fondement.

Pour faire face à tant d'ennemis, résister à des attaques si multipliées, vaincre tant d'obstacles, triompher de la mauvaise foi des uns et de la crédulité des autres, il fallait une singulière dose d'énergie. Pour dominer ces rumeurs insaisissables que la méchanceté fait naître et que propage la sottise ; pour respirer impunément cette atmosphère empoisonnée où les vapeurs méphytiques de la haine se combinent aux miasmes délétères de l'envie, il fallait à M. de Girardin une constitution robuste, un tempérament d'acier. C'est qu'en effet il n'est point d'âme aussi vigoureusement trempée que la sienne. La force morale est chez lui à la hauteur du courage physique. Son impétuosité dans l'attaque n'est égalée que par son calme dans la défense et son sang-froid dans le danger.

Faut-il rappeler l'épisode du 29 mars 1848?

Depuis quinze jours M. de Girardin faisait au gouvernement provisoire une guerre, inopportune sans doute, trop acharnée peut-être, mais loyale, sincère, consciencieuse et, par-dessus tout, légitime. Autant il avait mis d'empressement à crier, lé 25 février : *confiance! confiance!* autant il se croyait en droit de signaler la faiblesse, les hésitations, l'impuissance d'un pouvoir improvisé auquel il s'était dès la première heure spontanément rallié.

Ces articles lui attiraient chaque jour des injures et des menaces. On l'appelait traître, lui qui avait donné 10,000 francs pour les blessés de février. — « On peut nous appeler *traître*; ce nom n'étouffera pas notre voix... » — On parlait de saccager l'imprimerie : « ...On peut briser nos presses, écrit-il, le 25 mars, on n'étouffera pas notre voix; nous trouverons toujours une feuille de papier pour imprimer ce que nous pensons... » Ici je cède la parole à un homme qui ne sera pas suspect, à un membre même du Gouvernement Provisoire. Voici ce qu'écrit M. Garnier-Pagès. (*Histoire de la Révolution de* 1848, vii⁰ volume, page 212.)

« ...D'abord des murmures, puis des menaces! L'orage gronde autour de cette feuille. Sous cette pression, M. Émile de Girardin redouble d'énergie; loin de fléchir, il semble se complaire à braver le péril, et il multiplie ses attaques avec plus d'aigreur et de violence.

» Le mardi soir 29 mars, des attroupements se

forment rue Montmartre, devant la porte de l'imprimerie du journal. La colère est peinte sur les physionomies; la foule devient de plus en plus compacte, de plus en plus animée, de plus en plus furieuse. Une main trace à la craie ces mots sinistres : « *A bas la Presse! mort à Girardin!* » L'exécution commence. « *Il faut en finir avec ce journal! Brisons ses presses!* »

» M. Émile de Girardin avait la conscience de son droit, et attendait avec courage... »

Effrayés, les locataires de la maison avaient fermé la porte. Ce fut M. de Girardin qui insista pour qu'on l'ouvrît et pour que des délégués fussent invités à venir s'expliquer avec lui. Dès le premier mot, la colère fit place à la cordialité. M. de Girardin les interpelle sur ce qui les a pu blesser, donne des explications complètes; développe ses idées, justifie sa conduite, dit ses espérances du premier jour et ses craintes pour l'avenir de la jeune république; sa *confiance* le 25 février; sa *défiance*, le 25 mars. Il fait un discours d'une heure qui n'est interrompu que par ces mots des délégués : « On ne nous avait pas dit cela!... On nous avait dit que vous étiez contre les ouvriers!... Ah! c'est différent!... Dès lors que vous voulez le bien

du peuple!... Nous n'avions pas lu *la Presse!...* »
Voici quels furent ses derniers mots :

« ... Hé bien, messieurs, maintenant que nous nous connaissons et que vous déclarez qu'on vous avait trompés, je compte sur vous pour me défendre, quand vous m'entendrez faussement attaquer. J'aurais été en droit de faire paraître demain *la Presse* en blanc, avec ces seuls mots : LIBERTÉ DE LA PRESSE. 24 FÉVRIER 1848. LA CENSURE, ABOLIE EN DROIT, EST RÉTABLIE EN FAIT!... Je ne le ferai pas. Je n'exagérerai point l'importance d'une méprise et de menées déguisées. Avant de nous séparer, serrons nous la main. »

Aux journées de juin, même calme, même présence d'esprit, même dédain du péril. Le 24, il s'installe à *la Presse*, décidé à ne pas quitter son poste, même la nuit. Madame de Girardin, inquiète, lui fait demander si, en prévision des événements, il n'aurait pas quelques papiers à cacher, quelque acte important à sauver. Il lui écrit le billet suivant :

« Ma chère amie, »

» Non. Je n'ai rien à sauver ni à cacher.

» Si la caserne était prise [1], et qu'on voulût oc-

---

1. L'hôtel que M. de Girardin occupait au coin de la rue

cuper la maison, la seule chose à faire serait d'ouvrir les portes à deux battants et d'être affectueusement polie. C'est de toutes les manières de résister la meilleure.

» Nulle part tu ne serais plus en sûreté; et d'ailleurs, il est bien que nous soyons chacun à notre poste, toi à la maison, moi ici. Je dînerai je ne sais où; ne m'attends pas ce soir.

» Paris est en état de siége; le *National* règne et ne gouverne pas.

» Je t'embrasse. »

» ÉMILE DE GIRARDIN.

» 24 juin. »

Le lendemain, madame de Girardin reçoit ce court billet qui, cette fois, n'est plus daté des bureaux de *la Presse* :

« Ma chère amie, je viens d'être arrêté et conduit à la Préfecture de Police; demande une permission pour venir me voir.

» E. DE G.

» Dimanche, 25 juin, 5 heures du soir. »

de Chaillot, était masqué sur l'avenue des Champs-Elysées par une petite caserne, qu'il acheta plus tard, pour la démolir, au prix de 123,000 francs.

A la Conciergerie, où il reste d'abord trois jours dans un cachot souterrain, humide, sans air, sans espace, son calme ne l'abandonne pas. Dès qu'il a pu se procurer des livres et du papier, il lit et il travaille aussi tranquillement que dans son cabinet du pavillon Marbeuf. En même temps qu'il adresse lettres sur lettres, protestations sur protestations, au procureur-général, au ministre de la justice, au chef du pouvoir exécutif, il écrit de magnifiques pages sur Turgot et le *Journal d'un journaliste au secret.* Rendu à la liberté, le 5 juillet, après onze jours de secret, il remonte sur la brèche, plus résolu, plus audacieux que jamais.

Nous le verrons plus loin, dans le procès de Versailles, faire preuve d'un véritable héroïsme. Nous verrons un simple témoin transformer son banc en siége d'accusateur, oser dénoncer publiquement le ministère public lui-même. Nous entendrons son altière réponse au procureur-général, qui menaçait de le mettre en arrestation : « *Requérir contre moi? Ah!* JE VOUS EN DÉFIE ! »

Le courage de M. de Girardin n'est égalé que par sa générosité. Cet homme, objet de haines si vivaces, n'a jamais eu de rancunes implacables. Plus d'une fois il a, le premier, tendu la main à ses adversaires. Deux mois après les journées de juin, il adresse au général Cavaignac des propositions de paix et d'alliance; en juillet 1851, il fait à Londres, à M. Ledru-Rollin exilé, une visite qui se prolonge pendant cinq heures. Un grand nombre de ses ennemis sont devenus ses collaborateurs; il en est beaucoup qu'il a obligés, il n'en est pas un qui ait en vain frappé à sa porte. Il oublie facilement les torts qu'on a eus envers lui et se souvient toujours des plus légers services qu'on a pu lui rendre. Les seules injustices qu'il ne pardonne pas sont celles qu'il a pu commettre : nul ne revient plus aisément sur un premier mouvement de vivacité, n'accueille plus volontiers un reproche fondé, ne fait droit plus vite à une réclamation légitime; nul ne sait mieux dire ni plus spontanément : « J'ai eu tort. » Nul ne reconnaît avec plus d'empressement son erreur et n'avoue avec moins d'hésitation s'être trompé. Nul ne s'en fait moins accroire et ne se juge lui-même avec plus de sévérité. Je me souviens qu'il me disait un jour : « Il n'est pas un seul de mes ouvrages que je ne sois tout disposé à désavouer et à jeter au feu. Je sais mieux que personne ce qui leur manque et ce qui me manque. »

Peu démonstratif, avare de promesses, il n'a jamais oublié ni éludé sa parole; un mot de lui vaut toutes les signatures. D'une extrême discrétion dans les choses de la vie privée, d'un tact exquis, sans préventions, sans préjugés, d'une perspicacité rare, qui n'exclut point cette certaine naïveté particulière aux natures élevées; ouvert et confiant, sagace et clairvoyant, il sait juger un homme du premier coup, en saisir, à première vue, le fort et le faible. Homme du monde autant qu'homme politique, le grand seigneur et le millionnaire n'ont jamais effacé l'homme de lettres, qui domine en lui. De même que la simplification est le point capital de ses idées, la simplicité est le trait saillant de son caractère. Rien de guindé, de gourmé, dans sa personne; rien d'affecté, rien de solennel; nulle morgue, nulle pose, nulle majesté empruntée, nulle fausse grandeur, nulle attitude étudiée. Accessible à tous, à toute heure, sa porte est ouverte à un inconnu aussi vite qu'au prince Napoléon, qui depuis dix-huit ans l'honore de son amitié et s'honore de la sienne. — Qui sait si cet inconnu ne lui apporte pas une idée utile, si ce visiteur obscur d'aujourd'hui n'est pas l'homme célèbre de demain? — Sa bourse n'est pas moins accessible que sa porte ; elle a été constamment ouverte à toutes les infortunes. Que de misères il a discrètement secourues ! Que de vocations littéraires il a encouragées par sa bienveillance et soutenues de son argent! Que d'écrivains, que de journalistes, que d'hommes politiques, sont redevables de leur réputation ou de leur fortune à son appui, à son accueil ou à sa libéralité !

Malgré toute une vie de luttes quotidiennes, M. de Girardin, aujourd'hui presque sexagénaire, paraît plus jeune que jamais. Vous lui donneriez au plus quarante ans. Pas de rides à son large front — à peine un ou deux imperceptibles filets, — la peau toujours aussi fine, aussi blanche, aussi fraîche. Il y a cinq ou six ans, il ne lui manquait pas un seul cheveu. D'une stature peu au-dessus de la moyenne ; la taille bien prise, élancée ; il a dans la démarche, dans les mouvements, dans la voix comme dans le style, quelque chose de saccadé : il semble parler et marcher par alinéas. Une certaine fixité, une apparente dureté dans le regard, qui tiennent à un légère atteinte de strabisme, lui ont fait attribuer à tort une sécheresse de cœur qu'il n'a pas. Il est infiniment moins froid, plus sentimental qu'on ne l'imagine. Il y a même chez lui de la rêverie et comme une teinte de mysticisme. Si sa brusquerie rappelle son origine militaire — qu'atteste plus éloquemment encore une existence toute militante, — son visage méditatif, entièrement et soigneusement rasé, sa longue robe de chambre, blanche ou noire, donnent à sa physionomie quelque chose de monacal, de même qu'il y a dans ses habitudes quelque chose de cénobitique. Travailleur infatigable, il n'a pas manqué un seul jour, depuis quarante ans, d'être sur pied à cinq heures du matin; il travaille en recevant ses visites, il travaille en déjeunant. La régularité, l'exactitude, l'activité, sont ses qualités dominantes, et celles qu'il recherche et apprécie le plus chez les autres. Il semble avoir toujours présente à l'esprit cette belle pensée de La Bruyère : « Chaque heure en soi, comme à notre égard, est unique ; est-elle écoulée une fois, elle a péri entièrement, les millions de siècles ne la ramèneront pas. » C'est au travail, ce puissant tonique, bien plus encore qu'à un soin extrême de sa personne; c'est à la régularité, cette hygiène du corps et de l'esprit, bien plus encore qu'à des bains fréquents, que M. de Girardin a demandé le secret d'une santé persistante et d'une éternelle jeunesse.

Après avoir fait connaître l'homme, j'aurais voulu dire un mot de ses résidences. Hier peut-être j'eusse décrit le portique corinthien de l'élégant pavillon Marbeuf, les splendeurs de l'hôtel Pauquet de Villejust, les somptuosités du château d'Enghien. Aujourd'hui je ne le puis plus. La pioche a passé sur la petite maison grecque de l'avenue des Champs-Élysées; le deuil est entré dans la demeure, maintenant déserte, de la rue Pauquet; le vide et le silence habitent seuls les magnifiques ombrages de Saint-Gratien.

Après avoir perdu sa mère, le 6 septembre 1851 ; sa belle-mère, madame Sophie Gay, le 5 mars 1852 ; sa femme, le 29 juin 1855, et son père, le 7 août de la même année, M. Émile de Girardin, sans force contre l'isolement, dont il avait trop souffert pendant sa jeunesse, s'était remarié, le 31 octobre 1856, à mademoiselle Mina Brunold de Tiefenbach, fille de la comtesse de Tiefenbach, veuve du prince Frédéric de Nassau, oncle du duc régnant de Nassau. Il en avait eu en 1859 une fille, qu'il adorait. Ce berceau, attendu trente ans, était pour lui l'objet de la tendresse la plus passionnée.

Filleule du prince Jérôme Napoléon et de la princesse Marie-Clotilde, dont elle portait les noms, cette enfant était douée d'une beauté, d'un esprit et d'une distinction qui la faisaient remarquer, rechercher et entourer partout : Le 22 septembre 1865, à Biarritz, tout le monde l'admirait encore jouant sur la plage ; le lendemain elle était atteinte d'une angine couenneuse ; dix jours après, le 2 octobre, elle était morte !

« Cette angine, disait une lettre adressée de Biarritz au journal *la France*, cette angine, qui avait envahi la gorge, s'est réfugiée dans le larynx, ce qui a nécessité l'opération de la trachéotomie, merveilleusement pratiquée par le docteur Archambauld, mandé de Paris à tout événement et accouru en toute hâte. Ce n'est que trente-six heures après l'opération que l'implacable maladie, qui avait été vaincue, reprenant l'offensive, a fini par l'emporter.

» Le jeune prince impérial ayant su qu'il fallait que la chère petite malade mangeât et qu'elle refusait de rien manger et de rien boire, lui a écrit la veille de la mort la lettre la plus pressante et la plus touchante.

» Quoique l'angine couenneuse soit un mal contagieux, justement redouté de toutes les mères, l'impératrice, bravant le péril et n'écoutant que son cœur, est venue près du lit de l'enfant malade, tenter elle-même de la faire boire. L'enfant avait bu, lorsque, une heure après, elle s'est éteinte entre les bras de ses parents désespérés, mais fermes, et poussant la fermeté jusqu'à remplir eux-mêmes tous les derniers soins. Le soir de cette mort navrante, l'empereur a écrit à M. de Girardin. Cette lettre est celle d'un père à un autre père. »

Je n'ajoute rien. Il est des chagrins qui ne s'expriment pas, de muets désespoirs qui ne se racontent pas.

M. de Girardin avait eu déjà tous les genres de courage. Il lui restait à montrer le plus difficile de tous, le courage contre la douleur, en face de ce berceau devenu une tombe.

II

L'ÉCRIVAIN

II

L'ÉCRIVAIN

Après avoir étudié l'homme ; avant de parler des idées et des actes, je dois jeter un coup d'œil sur l'écrivain, faire connaître sa méthode, disséquer son style, analyser sa phrase : dire un mot de la forme avant d'aborder le fond.

Homère ne raconte point les luttes de ses héros sans avoir, au préalable, décrit minutieusement leurs armes offensives et défensives. Les chroniqueurs du moyen-âge n'oublient jamais non plus, en célébrant les faits et gestes d'un chevalier, de nous initier aux plus petits détails de son bouclier et de sa lance. La lance d'un publiciste, c'est sa plume : examinons donc de près la plume de M. Émile de Girardin. Avant d'apprécier le jeu d'un virtuose, il faut connaitre son instrument. Demandons-nous si l'instrument de ce Paganini de la pensée est un *stradivarius* ou s'il n'est que le violon grinçant d'un ménétrier de village.

Comme Raphaël, M. de Girardin a plusieurs manières, la manière avant et la manière après 1848; la manière avant et la manière après 1852.

On trouve dans son style de la première manière plus de pureté avec moins d'originalité; de la sobriété dans l'expression, de la précision dans les idées, de la concision dans la période; des pages plus travaillées, des mots plus cherchés et mieux choisis; des épithètes moins accumulées. — Déjà l'antithèse apparait, modeste encore et peu envahissante. — De l'unité dans l'ensemble, de la finesse dans le détail. Des articles plus courts et des phrases plus longues.

Je ne sache rien, par exemple, de plus parfait comme forme et de plus vrai comme pensée, que le passage suivant d'un article du 11 novembre 1843 :

« ... Le Français, qui a de l'esprit, se moque de tout et ne croit à rien; l'Anglais, qui a du bon sens, ne se moque de rien et croit à tout. Celui-ci s'abuse souvent; mais il ne perd pas son temps à enregistrer les mécomptes : il n'additionne que les résultats. Une impossibilité vaincue, un miracle opéré, une découverte réalisée, lui font vite oublier dix déceptions cruelles, cent efforts inutiles, mille échecs ruineux, et, à fin de compte, il se trouve qu'il a mieux fait encore de tenter tout que de ne risquer rien. Nous, au contraire, nous avons une telle peur d'être dupes des autres, que nous finissons par l'être de nous-mêmes, et que la défiance nous coûte plus cher que la crédulité. »

Le jeune député-journaliste excelle dans le portrait. Voici trois silhouettes admirablement réussies. C'est d'abord M. Mauguin : (18 octobre 1838.)

« ... Le caractère de M. Mauguin fournirait le sujet d'une charmante comédie dont le titre serait emprunté à Molière. — « *Le Médecin malgré lui.* »
— M. Mauguin est de l'opposition malgré lui; il est avocat malgré lui. Lorsqu'il fait de l'opposition, il est en opposition avec ses instincts, ses tendances, ses goûts fastueux et ses manières polies. Au Palais son affabilité est, à tort, taxée d'impertinence : on y trouve son sourire trop protecteur, son regard insolemment bienveillant. M. Mauguin

est ministre... — Je me trompe : se croit ministre — malgré lui. Il méprise souverainement deux choses : toute opposition dont il n'est pas le chef, tout ministère dont il ne fait pas partie.

» Il envie et dédaigne également deux hommes, M. Barrot et M. Molé. Avant que M. Molé n'eût la présidence du conseil, toute la pitié de M. Mauguin était réservée à M. Thiers, chef du cabinet. M. Mauguin lève les épaules et souffre lorsque M. Barrot est à la tribune. A son avis, l'opposition ne sait pas ce que c'est que le pouvoir; le gouvernement ne comprend pas la liberté... »

Et l'esquisse se termine par ce trait :

« ... Si, le plus souvent, M. Mauguin choisit une boule noire de préférence à une boule blanche, c'est que, parmi les quatre cent cinquante-neuf boules du scrutin, il n'en est malheureusement pas une seule qui ne soit ni blanche, ni noire. »

Voici maintenant le portrait non moins réussi, non moin incisif, de M. Thiers :

« Orateur brillant et délié, causeur parlementaire adroit, souple, spirituel; flatteur habile de certains sentiments populaires; *prosaïque Béranger de la tribune*, sachant tout l'effet entraînant d'un refrain banal à propos répété, connaissant la toute-puissance — dans un moment critique — d'un chaleureux appel au drapeau tricolore, jamais M. Thiers ne fut et ne sera qu'un administrateur sans esprit d'ordre, de suite, ni d'unité; qu'un diplomate inconséquent, qu'un empirique parmi les hommes d'État.

» Vif et entreprenant, se laissant facilement entraîner par son premier mouvement, jamais M. Thiers ne s'est préoccupé de dévouer sa vie au triomphe d'un système politique qui réglât les rapports de la France avec l'univers et fondât l'ordre chez elle. Jamais M. Thiers n'a su ce que c'est que l'ordre; pour lui, l'ordre se borne à la répression de l'émeute et à l'occupation par lui de la présidence du conseil. » (*La Presse* du 27 avril 1837).

Plus tard, le 22 juin 1850, M. de Girardin, dans ses *Lettres sur l'abolition de la misère,* caractérisait M. Thiers d'un seul mot qui obtint, si j'ai bonne mémoire, un grand succès : « Vous êtes, lui écrivait-il, vous êtes Malthus déguisé en Saint Vincent de Paule. »

N'est-il pas digne de remarque — à propos des trois mots soulignés plus haut — que dès cette époque, le rédacteur de *la Presse* devançait de vingt ans la réaction qui s'est produite contre *notre poëte national*, et appréciait les flons flons banals de Béranger exactement comme M. Pelletan et M. Renan les jugeaient naguère. On dirait qu'il devinait déjà, à l'apogée de la popularité du *Dieu des bonnes gens*, le déclin qui attendait cette gloire, et qu'il entrevoyait l'arrêt définitif de la postérité.

Arrivons à M. Guizot :

« ..... Avec plus de suite dans les idées, plus de fermeté et d'élévation dans le caractère, M. Guizot, pas plus que M. Thiers, n'a de système politique arrêté, complet, large à sa base, élevé au sommet. M. Guizot et M. Odilon-Barrot sont les deux pôles de la même pensée politique. Voyez-les se servir l'un et l'autre des mêmes moyens, pour défendre leur cause et faire triompher, le premier : l'autorité royale ; le second, la souveraineté électorale. Écoutez-les tous les deux se succéder à la tribune. La voix de l'un et la voix de l'autre sont également lentes et graves; tous les deux sont également dogmatiques dans la discussion, mesurés et pressants dans leurs interpellations, dignes et sévères dans leurs répliques, austères dans leur maintien..... » (4 mai 1837).

Le talent de M. de Girardin a tant de faces diverses, tant de côtés sérieux, graves, éloquents, pratiques, utiles, brillants, qu'on n'a jamais songé à y chercher de l'esprit. Il y en a pourtant, et du meilleur : on vient d'en juger.

A propos du quatrième anniversaire du Cabinet du 29 octobre, il écrit :

« Le cabinet a duré : c'est à peu près le seul éloge qu'il nous soit permis d'en faire. »

Ailleurs, caractérisant le rôle de l'État :

« Administrer des forêts, gérer des domaines, réparer des bâtiments, manufacturer des tabacs, fabriquer des poudres, vendre du latin et payer des messes : telle est la besogne de l'État. »

Dans un autre endroit, répondant à la *Gazette de France*, dont la devise est : *tout pour le peuple, tout par le peuple :*

« *Tout* PAR *le peuple* est une maxime aussi fausse que celle qui nous obligerait tous à faire nous-mêmes nos vêtements, à blanchir nous-mêmes notre linge, à laver nous-mêmes notre vaisselle. »

Parle-t-il de la *fête de la Fraternité*, le 21 avril 1848 :

« Tel est le nom officiel donné à cette journée, qui, de sept heures du matin à onze heures du soir, a vu défiler au bruit du canon, au son du tambour, aux chants de la *Marseillaise*, aux cris de *Vive la ligne!* quatre cent mille baïonnettes autour de l'arc de triomphe de l'Étoile, ce monument posthume élevé en l'honneur de la guerre, aux frais de la paix, inspiré par la gloire, exécuté par la liberté, conçu par Napoléon, achevé par Louis-Philippe; gigantesque antithèse sculptée dans la pierre, curieuse alliance d'idées contradictoires, parfaite image du caractère français ! »

Puis l'écrivain ajoute :

« Ainsi nous sommes. C'est armés de fusils que nous nous appelons frères ! »

S'agit-il de la transportation en masse, sans jugement, en Algérie, décrétée par la moitié de ces frères du 21 avril contre l'autre moitié, opérée deux mois après la fête de la Fraternité, le journaliste, du fond de sa prison, écrit à madame Émile de Girardin : « Je demandais que l'Algérie fût assimilée à la France; hélas! c'est la France qui est assimilée à l'Algérie. » Déjà le 24 juin, il lui avait écrit : « Paris est en état de siége. *Le National* règne et ne gouverne pas. »

Un illustre historien anglais, Thomas Carlyle, ne juge pas avec moins de sévérité et ne condamne avec moins de verve et d'esprit la *fête de la Fédération* du 14 juillet 1790. Après avoir énuméré les 15 000 hommes, piocheurs, brouetteurs, maçons, terrassiers, employés à préparer le lieu de la scène ; les 300 tambours, et les 1200 musiciens qui composaient l'orchestre, les canons échelonnés de colline en colline pour frapper, de manière à les faire entendre de la France entière, les trois coups traditionnels, Carlyle ajoute :

« Les Saxons puritains jurèrent et signèrent une fédération nationale, sans explosion de poudre ni roulement de tambours, dans une obscure réunion de High-street, à Edimbourg ; dans une mauvaise chambre où l'on boit aujourd'hui de mauvaises liqueurs. Nos amis gallo-encyclopédiques ont besoin d'un Champ-de-Mars, vu de tout l'univers.

» De telles scènes, longtemps préméditées, fussent-elles grandes comme le monde et le plus artistement combinées, ne sont en réalité autre chose que du carton peint. On dirait une nation entière en carnaval. »

Que nous sommes loin en effet de la Fédération qui amenait sur le Grutli les deux amis de Guillaume Tell ; et de cette autre Fédération où l'on vit, il y a dix-huit siècles, assis à un frugal souper, treize hommes pauvrement vêtus, dans une pauvre demeure juive!

Mais je m'aperçois que je suis plus loin encore de M. de Girardin et de son esprit : j'y reviens.

On se rappelle un mot fameux de M. de Lamartine : les *Conservateurs-bornes*. « C'est improprement, écrivait le député-journaliste, qu'on les appelle ainsi. Les bornes servent et ne s'agitent pas. »

Voulant expliquer la chute du ministère Molé tombé sous la coalition :

« Ce qui l'a dissous, c'est plus encore l'inaction que la coalition. »

Dans une autre page, je lis : « Assez longtemps on a fait des lois sans faire des mœurs; essayons donc de faire des mœurs sans faire des lois. » Ici il n'y a pas seulement de l'esprit, il y a du bon sens.

Plus loin : « La République de 1792 a été une torche; la République de 1848 doit être un flambeau. »

Veut-il montrer les vices de notre système d'éducation :

« Plus de baccalauréat où l'on taille les intelligences en cônes tronqués comme les arbres de Versailles! »

Ailleurs :

« L'art de nous choisir des maîtres, voilà ce qu'a été pour nous jusqu'ici la Révolution.

» L'art de nous passer de maîtres, voilà ce que doit être enfin pour nous la civilisation. »

Parfois le trait n'est pas dans les mots, mais dans les choses ; le *vis comica* est moins dans une phrase que dans une situation. Qui ne se rappelle le fameux message de 1850, composé de fragments des œuvres de L.-N. Napoléon Bonaparte ? Personne n'a oublié le numéro de *la Presse* du 24 février 1851, formé tout entier de citations ultra-républicaines empruntées aux proclamations, aux circulaires électorales, aux discours de tous les adversaires actuels de cette République, que, le 4 mai 1848, ils avaient tous acclamée vingt-six fois avec enthousiasme. C'est M. Émile Hubaine, — aujourd'hui secrétaire du prince Napoléon, — et moi, qui avions, sous l'inspiration de M. de Girardin, écrit avec des ciseaux cet article de vingt colonnes. C'est moi qui avais laborieusement noté et compté les *vingt-six* acclamations *unanimes* de l'Assemblée nationale en faveur de la République.

Du 2 août 1846 au 28 avril 1847, *la Presse* prend pour épigraphe ces paroles de M. Guizot à Lisieux :

« Toutes les politiques vous promettront le progrès, la politique conservatrice seule vous le donnera. »

Le 29 avril, *la Presse*, qui a perdu tout espoir d'obtenir le progrès promis et attendu, *la Presse* change son épigraphe, et son épigraphe nouvelle devient une sanglante épigramme :

« C'est avec tristesse, c'est avec regret, qu'à la place qu'occupaient ces paroles, pleines d'avenir, nous mettons celles-ci, trop pleines de vérité :

« Rien ! Rien ! Rien ! »

(*Desmousseaux de Givré*. Séance du 27 avril 1847.)

» Craignez que ces mots d'un de vos amis les plus dévoués, après vous avoir servi d'*épigraphe*, ne se changent bientôt en *épitaphe* sur votre tombe. »

On sait si cette prophétie s'est réalisée ! Le mot fameux de M. Desmousseaux de Givré n'a disparu du titre de *la Presse* que le jour où le ministère et la royauté ont disparu de la scène.

Nul ne trouve plus fréquemment que M. de Girardin, de ces paroles qui s'impriment dans l'esprit, et que l'on n'oublie jamais dès qu'on les a une seule fois lues ou entendues.

« La France est ainsi faite. Avec un seul mot : *liberté !* on la divise ; avec un seul mot : *gloire !* on la rallie. »

Le : *Rien ! Rien ! Rien !* du député ministériel n'était lui-même qu'un emprunt fait à M. de Girardin qui trois ans auparavant, le 28 octobre 1844, disait du cabinet Guizot : « *Do nothing (ne rien faire),* telle est la devise qu'il paraît avoir choisie. »

On pourrait faire un gros et intéressant volume avec toutes les maximes profondes, toutes les sentences ingénieuses dont sont émaillés : les *Questions de mon temps, le Droit, la Liberté, la Politique universelle ;* il faudrait tout citer ; je prends au hasard :

— « En politique, le présent n'existe pas ; c'est déjà du passé. La politique ne se compose que de passé et d'avenir. »

— « Jamais le triomphe accidentel de la force n'a produit le triomphe définitif du droit. »

— « L'argent employé à solder des armées permanentes ne sert qu'à recruter l'armée de la misère. »

— « Tout essayer, tout vérifier, tout simplifier, c'est la doctrine de l'expérience substituée à la doctrine de l'infaillibilité. »

Cette doctrine, ai-je besoin de l'ajouter, est précisément celle de l'écrivain lui-même. « Je ne suis, dit-il dans un autre endroit, je ne suis qu'un chercheur, remontant pas à pas de l'embouchure d'un fleuve à sa source. Je n'invente point, j'observe ; je n'enseigne point, j'étudie ; je n'impose pas, j'expose. »

A côté de ces courtes maximes, je voudrais pouvoir citer des articles entiers écrits avec une pureté de style, une correction, une verve éloquente, un soin de la forme que l'on ne retrouve pas toujours dans la seconde manière de M. de Girardin. A ceux qui seraient tentés de parcourir au moins les douze volumes des *Questions de mon temps*, je recommanderai notamment : un article sur *Les intérêts matériels* (1843) ; un autre sur les *Faiseurs :* « c'est un faiseur ! expression maudite, inventée par l'envie impuissante et dédaigneuse, consacrée par la médiocrité indolente et superbe. » (25 novembre 1843) ; et surtout en 1847, un magnifique tableau de la situation de la France. J'en extrais le fragment suivant :

« Il faut aux grands peuples de grandes tâches ; ils ont besoin de s'illustrer. Durant des siècles, ce besoin n'a pu se satisfaire que par la guerre, les victoires, les conquêtes ; mais les peuples commencent à voir ailleurs la grandeur et la gloire. Changer, à l'aide de la vapeur et de l'électricité, les lois de l'espace et du temps : ici, en passant sous les fleuves ou en traversant les montagnes pour mettre en communication deux embarcadères ; là, en perçant des isthmes afin d'unir deux mers, l'Atlantique et le Pacifique, la mer Rouge et la Méditerranée; ailleurs, en donnant à toutes les villes d'un État le moyen de correspondre entre elles en quelques minutes ; aplanir partout les obstacles, défis jetés par la nature au génie de l'homme : voilà le but vers lequel se tournent les regards de l'Europe entière. »

Le 24 février donne le signal d'une transformation complète dans le style, la méthode, le talent de M. de Girardin. L'auditoire a changé : l'éloquence de l'orateur se modifie ; à un public nouveau il faut un nouveau langage ; la Révolution sociale de 1848 provoque une évolution radicale dans la manière de l'écrivain.

Hier, il fallait à sa parole un habit noir et des gants paille ; aujourd'hui, pour parler à la foule, sa plume est affublée d'une blouse ;

Hier, *la Presse* était une tribune ; aujourd'hui, *la Presse* est une borne ;

Hier un salon, aujourd'hui un carrefour ;

Hier un parlement, aujourd'hui un club ;

Hier on raillait chez M. Thiers la *puissance d'un refrain banal répété à propos;* aujourd'hui on devient à son tour un *prosaïque Béranger du journalisme !*

Hier, les courts articles et les longues phrases ; aujourd'hui les longs articles et les phrases hachées ;

Hier la concision, aujourd'hui la diffusion ;

Hier la sobriété, aujourd'hui l'ébriété ;

Hier, enfin, la période : aujourd'hui l'alinéa !

Au lieu de frapper juste, le publiciste désormais songe à frapper fort ;

Au lieu du mot propre, il cherche le mot sonore ;

Au lieu de condenser sa pensée pour les esprits délicats, il s'efforce de la délayer pour les intelligences paresseuses ;

Au lieu de viser à l'idée solide, il s'attache à l'idée scintillante ;

Au fer forgé il préfère la fonte coulée, au métal ductile le métal cassant, à un gramme d'or un kilogramme de cuivre ;

A la recherche de la cause il substitue la poursuite de l'effet; à la langue de l'Académie Française la langue du catéchisme, à la forme sévère des œuvres de génie la coupe vulgaire des litanies :

« Le jour où la justice serait organisée sur les bases nouvelles que j'ai posées :

» Que de haines qui s'apaiseraient!
» Que de rivalités qui s'éteindraient!
» Que de préjugés qui s'évanouiraient!
» Que d'erreurs qui se rectifieraient!
» Que de contestations qui se termineraient!
» Que de procès qui s'arrangeraient!
» Que d'ennemis qui se réconcilieraient!
» Que de problèmes qui se résoudraient!
» Que de nœuds qui se dénoueraient!
» Que d'économies qui s'opéreraient!
» Que de misères qui se transformeraient!
» Que de larmes qui se tariraient!
» Que de plaies qui se sécheraient!
» Que de douleurs qui se calmeraient!
» Que de maux qui se guériraient!
» Que de fronts qui s'abaisseraient!
» Que de fronts qui se relèveraient!
» Que d'angoisses qui s'abrégeraient!
» Que de supplices qui s'épargneraient!
» Que d'arbitraires qui s'écrouleraient! »

L'abus excessif de l'antithèse, du jeu de mots, de l'énumération, de l'opposition, de l'accumulation, de la comparaison, de la métaphore, de l'allégorie, de la répétition, de la phrase en partie double, de la rime même, forme le caractère principal de cette deuxième manière. L'idée ressemble parfois à un volant renvoyé d'une raquette à l'autre :

— « Conservateur constamment progressiste, progressiste constamment conservateur. »

— « La liberté s'affermit par la paix, la paix s'affermit par la liberté. »

— « La liberté est à l'autorité ce que l'aval est à l'amont d'un fleuve. »

— « Le temps est passé de la guerre et de la conquête ; le temps est venu de la paix et de l'échange. Il ne s'agit plus de *conquérir* et de *conserver*, mais de *produire* et de *consommer*. »

— « Je n'*impose* pas, j'*expose*. »

— « Le monde ancien fait place au monde nouveau. »

— « Les rapports se *simplifient* en même temps qu'ils se *multiplient*. »

— « Les rapports se *simplifient;* les erreurs se *rectifient.* »

— « Ce qui était *problème* devient *solution;* ce

qui était *obstacle* devient *moyen;* ce qui était *force de résistance* devient *force de propulsion.* »

— « Toute liberté *conquise* et non *acquise,* etc. »

— « L'art de *détruire* fait place à l'art de *produire,* l'art de COMBATTRE à l'art de CONVAINCRE. »

Souvent un paragraphe entier se compose de phrases exactement emboîtées les unes dans les autres :

« L'inscription universelle, c'est la statistique vérifiée; la statistique vérifiée, c'est l'ordre social errant ayant enfin trouvé son axe; c'est le règne des *conjectures* qui finit, c'est l'empire des *probabilités* qui commence.... » (Suivent 22 *c'est,* etc., *c'est,* etc.)

L'éminent publiciste est ici la dupe des mots; les *probabilités* ne sont que des *conjectures,* les *conjectures* ne s'appuient que sur des *probabilités.* Il en est de même lorsqu'il oppose, par exemple, l'impôt *inique* à l'impôt *unique :* — il suppose établi ce qu'il s'agit de démontrer; un impôt n'est pas nécessairement équitable, par cela seul qu'il est *unique;* l'*unité* n'est point la contre-partie de l'*iniquité;* — lorsqu'il oppose la liberté *mal définie* à la liberté *indéfinie,* la liberté *exceptionnelle* à la liberté *rationnelle,* et surtout la liberté *équivoque* à la li-

5.

berté *réciproque*. Tout cela satisfait bien moins la raison que la rime : ce n'est que logomachie pure. Il arrive même qu'il y trouve le moyen d'esquiver une objection embarrassante... Lui objecte-t-on que son *inscription de vie* serait la destruction de la liberté, il répond : «... Non, ce n'est pas la destruction de *toute liberté;* ce serait la destruction de *toute obscurité.* »

Voulant marquer le chemin parcouru par lui entre son point de départ et son point d'arrivée, l'écrivain s'écrie :

« J'ai conclu de la liberté concédée à la liberté revendiquée;

» De la liberté usurpée à la liberté restituée;

» De la liberté de fait à la liberté de droit;

» De la liberté factice à la liberté naturelle;

» De la liberté relative à la liberté absolue;

» De la liberté *mal définie* à la liberté *indéfinie;*

» De la liberté transitoire à la liberté définitive;

» De la liberté *exceptionnelle* à la liberté *rationnelle;*

» De la liberté intermittente à la liberté permanente;

» De la liberté *équivoque* à la liberté *réciproque;*

» De la liberté contestée à la liberté incontestable;

» De la liberté légalement limitée à la liberté naturellement limitée;

» De la liberté morcelée à la liberté une;

» De la liberté divisée à la liberté indivisible;

» De la liberté aliénée à la liberté inaliénable;

» De la liberté différée à la liberté imprescriptible;

» De la liberté toujours violée à la liberté à jamais inviolable;

» Enfin de la *liberté du pouvoir au pouvoir de la liberté.* »

Voici un autre échantillon de ces périodes à tiroirs, qui peuvent être fort mauvaises au point de vue du style; mais dont je ne prétends pas nier l'influence sur la masse des lecteurs ; ils se laissent séduire par ce prestige un peu grossier ainsi que les alouettes par les innombrables facettes du miroir tournant. Comme, en pareille matière, il s'agit bien plus de persuader que de convaincre, j'oserais presque dire qu'il y a encore de l'art dans ce dédain systématique de toutes les règles de l'art.

» Qui dit révolution dit risques.

» Qui dit civilisation dit progrès.

» La civilisation ne compromet rien et résout tout. La révolution compromet tout et ne résout rien. »

» La civilisation, c'est la révolution continue ; la révolution, c'est la civilisation interrompue.

» La civilisation, c'est la révolution par la science ; la révolution, c'est la civilisation par la force.

» La révolution par la science, c'est la civilisation durable ; la révolution par la force, c'est la civilisation précaire. »

Afin de reposer mes lecteurs de cette prose miroitante qui fatigue à la longue par sa monotonie, et que M. de Girardin semble avoir à peu près abandonnée aujourd'hui pour revenir à une forme plus sobre, plus correcte, plus pure et plus véritablement éloquente, je les engage à lire tout entière, dans le volume intitulé : *La Liberté dans le mariage par l'Égalité des enfants devant la mère*, une admirable page commençant ainsi : « Pauvre fille obscure, qui répète sans les bien comprendre les mots d'honneur et de vertu... etc., » et qu'ils déclareront, comme moi, je n'en doute pas, digne de Jean-Jacques Rousseau.

Pour faire connaître la manière actuelle de M. de Girardin, je pourrais citer toutes les pages des diverses brochures publiées en 1859 et surtout de celles qui ont pour titre : *La Guerre, l'Équilibre européen, l'Empereur Napoléon III et l'Europe*; j'aime mieux donner *in extenso* la magnifique péroraison de sa *Lettre à M. Rouher, ministre d'État*, qui sert d'introduction aux *Droits de la Pensée*, dont je parlerai plus loin :

« ... Comme il m'est arrivé souvent d'ajouter au nom de la liberté l'épithète « *d'illimitée* », beaucoup d'esprits superficiels sont tentés de croire que la liberté est sans bornes et qu'elle a des profondeurs inconnues, tandis que rien n'est plus étroitement limité que toute liberté, quelle qu'elle soit. Dans les pays où la liberté de tout dire existe, que dit-on qui dépasse de beaucoup ce qu'on dit en France, où cette liberté n'existe pas? Dans les pays où la liberté de se réunir existe, quels ravages exerce-t-elle? N'est-ce pas, au contraire, la soupape par laquelle s'échappe l'excès de vapeur populaire? Contre la liberté du commerce des grains qui, disait-on, ferait tomber au-dessous de dix francs le prix de l'hectolitre de blé, sur quels chiffres exagérés ne s'était-on pas appuyé? Depuis qu'elle existe, à quel prix l'hectolitre de blé est-il descendu? Con-

tre la liberté de la boulangerie, contre la liberté
de la boucherie, quels arguments n'avait-on pas
invoqués? Depuis qu'elles ont triomphé de la réglementation, le pain qu'on achète est-il plus cher
et la viande qu'on mange est-elle moins saine?
Contre le libre échange quelles sinistres prévisions
n'avait-on pas fait gronder, prévisions qui montraient la France ruinée, la France envahie par les
produits de l'Angleterre, la France ne fabriquant plus de fer et en manquant pour armer ses
soldats? Depuis que le traité de commerce avec
l'Angleterre est en vigueur, la France plie-t-elle,
les bras croisés et les mains vides, sous le poids
des importations britanniques? Ses hauts-fourneaux sont-ils éteints? Ses maîtres de forges ont-ils déposé leurs bilans? Par contre, le consommateur a-t-il vu tomber à vil prix les objets de
consommation? Les Anglais, qui ne permettent
pas aux Français d'acquérir en Angleterre des
propriétés territoriales, les Anglais abusent-ils de
la liberté qu'ils ont d'acheter et de posséder en
France des propriétés immobilières? le sol français est-il en grande partie passé de nos mains dans
les leurs? Depuis que les Russes sont en possession
de la liberté de s'expatrier, y a-t-il sous le règne

de l'Empereur Alexandre II beaucoup plus de Russes séjournant à l'étranger qu'il n'y en avait sous le règne de l'Empereur Nicolas? Depuis qu'on peut abjurer en France sans s'exposer au péril d'être persécuté, exilé, massacré, brûlé, le nombre des protestants a-t-il considérablement augmenté et le nombre des catholiques proportionnellement diminué? Ceux que la liberté épouvante n'ont jamais regardé la liberté en face. La liberté dont ils ont peur n'est pas la liberté réelle; c'est une liberté imaginaire, grossie, grandie, dénaturée par la frayeur. Il vous appartient à vous, qui avez déjà regardé, mesuré de près la liberté, avant de signer avec l'Angleterre le traité du dix mars 1860, il vous appartient de ne pas vous arrêter en chemin, et de dire à l'Empereur la vérité sur la liberté de discussion, qui depuis longtemps aurait pris son cours paisible si l'on ne se fût pas obstiné à resserrer son lit entre deux rives trop étroites. Liberté endiguée, liberté toujours prête à déborder! Dans votre bouche, monsieur le ministre, la vérité ne sera pas suspecte, car vous n'avez point à craindre qu'on accuse votre esprit d'être absolu et de n'être pas pratique. Le jour où l'empire s'appuirait sur la liberté, qu'aurait-il à craindre des partis ? Qu'est-ce que les partis auraient alors à promettre à la France qu'elle n'eût pas déjà ? Auraient-ils à lui promettre plus de gloire ? Non ; à cet égard, l'Empereur qui a dicté la paix à la Russie et à l'Autriche, à la Chine et au Mexique, n'a laissé rien à désirer à la France ! Auraient-ils à lui promettre plus de prospérité ? Non ; depuis 1852, le gouvernement a donné à la France toute la prospérité qu'il était au pouvoir d'un gouvernement de donner. Le jour où la presse française saurait que les ministres lisent attentivement les journaux, non plus pour y découvrir une contravention à poursuivre ou un délit à punir ; mais afin d'y chercher une idée utile à réaliser, un abus ou un vice à supprimer, qu'est-ce que le gouvernement impérial aurait à craindre de la presse décentralisée ? Il n'aurait pas, au contraire, de plus actif auxiliaire.

» Pour que la presse se régénérât d'elle-même, il suffirait qu'elle ne fût plus ni comprimée ni réprimée. Alors, au lieu de mettre son point d'honneur à critiquer pour renverser, elle le mettrait à prévoir et à prévenir pour consolider. Je suis si sûr de l'exactitude de ce que j'avance, que s'il fallait en répondre, je n'hésiterais pas à donner toutes les cautions qui me seraient demandées, quelles qu'elles fussent, sans en excepter ma fortune, ma liberté, ma vie!... »

On a souvent reproché à M. de Girardin l'abus des citations, le choix peu rigoureux des autorités ; on a dit de ses livres qu'ils n'étaient que des recueils de témoignages, et que sur trois cents pages on y comptait toujours deux cents pages de citations. Je me souviens d'avoir moi-même, dans un journal littéraire, il y a quelques années, relevé ce défaut et rappelé à cette occasion un curieux passage de La Bruyère :

« Hérille, soit qu'il parle, qu'il harangue ou qu'il écrive, veut citer. Il fait dire au prince des philosophes que le vin enivre, et à l'orateur romain que l'eau le tempère. S'il se jette dans la morale, ce n'est pas lui, c'est le divin Platon qui assure que la vertu est aimable, le vice odieux, ou que l'un et l'autre se tournent en habitude. Les choses les plus communes, les plus triviales, il veut les devoir aux anciens, aux Latins, aux Grecs. »

J'en demande bien pardon aux critiques, à La Bruyère, et à celui qui écrit ces lignes ; mais ces reproches me semblent aujourd'hui porter complétement à faux. Si l'*Hérille* des *Caractères* s'appelle au xix⁰ siècle Émile de Girardin, je ne puis oublier qu'au xvi⁰ il s'appelait Montaigne. On pourrait *citer*, n'est-il pas vrai, en plus mauvaise compagnie? L'auteur des *Essais* ne se contente pas de citer à tout propos; il se borne souvent à traduire purement et simplement Sénèque, sans le nommer; de même que Montesquieu emprunte des chapitres entiers à Machiavel, à Estienne Pasquier, sans leur faire l'honneur d'une mention.

C'est surtout dans les écrits politiques et philosophiques, que le recours aux autorités est légitime, nécessaire même. Le développement d'une thèse sociale — article ou livre — n'est autre chose qu'un plaidoyer. Reprocha-t-on jamais à un avocat de rappeler trop de précédents, à un jurisconsulte d'invoquer trop d'arrêts, à un magistrat d'accumuler trop de considérants, de viser trop de lois? Défendit-on jamais à un orateur de rassembler des notes, de grouper des opinions; à un prédicateur de citer l'Évangile, les Pères, les Conciles, de placer son discours entier sous le patronage d'un verset de l'écriture? De même que le premier mot du sermonnaire est un texte sacré, je trouve convenable que la première ligne de l'écrivain soit une épigraphe.

M. Émile de Girardin, je dois le dire, abuse souvent de l'épigraphe; il la prodigue avec une générosité qui nuit à la fois au livre et au lecteur : au lecteur qui ne la lit pas, au livre dont elle ralentit l'allure. Qui veut trop prouver ne prouve rien. L'excès de cargaison fait sombrer le navire. La pléthore est peut-être plus dangereuse que l'anémie.

Pour mieux faire ressortir ce grave défaut, je prends La *Politique Universelle*, volume de trois cents pages, divisé en dix livres.

Le titre et la couverture portent cinq épigraphes, empruntées à *Saint-Luc*, à *Vitruve*, à *de Maistre*, à *Chateaubriand*, à *Alexis de Tocqueville*.

La préface est placée sous les auspices de *d'Alembert* et de *Burlamaqui*.

Le livre Ier, L'ASSURANCE, a été confié à onze protecteurs : *Plutarque, Saint Jean, Vico, Fichte, Hobbes, Humboldt, J. de Maistre, Chateaubriand, Ballanche, Rossi, Lamennais*.

Plus riche encore en patrons, le livre II, la PACIFICATION, s'avance derrière un groupe illustre où *Thucydide* et *Plutarque* donnent la main à *Érasme* et à *Fénelon*, où *J.-J. Rousseau* coudoie *Voltaire* accompagné de *Franklin*, où *Pascal* précède *Mirabeau* et *Ancillon*, tandis qu'auprès de *Volney*, qui songe aux *Ruines*, *Napoléon* rêve à la paix universelle.

Le livre III, l'Inscription, n'a que deux épigraphes — *saint Luc*, *saint Jean*. — J'en trouve huit en tête du livre IV, le *Vote :* elles sont signées par *Montesquieu*, *Voltaire*, *Carlyle*, *Pascal*, *Vico*, *Sieyès*, *Daunou*, *Royer-Collard*.

Le livre V, l'Instruction, n'en présente pas moins de quatorze, où je trouve réunis les noms de *Louis XI* et de *Leibnitz*, de *Bacon* et de *Montesquieu*, d'*Aristote* et de *Montaigne*, de *J.-J. Rousseau* et de *Vauvenargues*, de *Kant* et de *J.-P. Richter*, de *Spurzheim* et de *Gall*, de *Cabanis* et de *Napoléon*.

Montesquieu et *Aristote* se multiplient. Je les revois encore dans le livre suivant, la Justice, en compagnie de *M. Edgar Quinet*, de *Thouret*, de *Thomas Morus* et de l'*Évangile*.

L'Ancien-Testament et le Nouveau se rencontrent au livre VII, le Douaire, dont les quatorze épigraphes sont puisées à la fois dans le *Deutéronome* et dans *saint Paul*, dans *Platon* et dans *Tacite*, dans le *Droit romain* et dans le *Miroir de Saxe;* dans *Montesquieu* et dans *Chamfort*, chez *J.-J. Rousseau* et chez *Duclos*, chez *Madame Campan* et chez *Napoléon;* dans le *Digest of Indu law* (digeste de la loi hindoue) et chez l'honorable M. Kœnigswarter, ancien député au Corps Législatif.

Le livre VIII, LE DÉCIME, ne s'appuie que sur quatre noms contemporains : *Thiers, Dumas, Rossi* et *Benoist d'Azy*. Le livre IX, LA PROPRIÉTÉ, en a sept : *Pascal, Montesquieu, Vauvenargues, Mirabeau, Benjamin Constant, Louis-Napoléon Bonaparte*. Enfin, le dernier livre, L'AUTONOMIE, en arbore neuf : — l'*Ecclésiaste, Descartes, Condillac, Mably, Gall, J.-P. Nohduorp, Jouffroy, Lamartine* et *Napoléon*.

Voilà donc un total de quatre-vingt-dix-sept épigraphes pour un volume qui a moins de trois cents pages, — soit : une épigraphe pour trois pages, — et qui renferme déjà d'innombrables citations, sans compter un riche et copieux Appendice !

A cette intempérance, qui est le défaut capital de M. de Girardin, il s'en joint un autre dont l'influence sur ses écrits n'est pas moins sensible : c'est la précipitation. La spontanéité, excellente pour le fond, est parfois dangereuse pour la forme. Si la première idée est toujours la bonne, le premier mot est généralement le mauvais. Entre toutes les expressions capables de rendre une pensée, il n'en est, dans toutes les langues, qu'une seule qui soit rigoureusement propre, et celle-là n'arrive point du premier coup à la bouche ou sous la plume. Entre toutes les phrases qui peuvent traduire une conception, il n'en est qu'une qui soit satisfaisante, et celle-là ne naît jamais toute formée dans le cerveau, pas plus qu'un enfant ne voit le jour à l'instant même où il est conçu. L'intelligence, elle aussi, a sa gestation et son accouchement laborieux. Comme le fœtus venu avant terme, l'idée prématurément exprimée n'est pas née viable. Il y a moins loin de la coupe aux lèvres que de l'esprit à la plume, que de la chose au mot; et c'est pourquoi les plus grands écrivains sont ceux qui ont produit le plus lentement, et les plus belles œuvres, celles qui ont été le plus péniblement enfantées. Entre l'idée et l'expression il y a la même différence de vitesse qu'entre la lumière et le son, celui-ci parcourant 337 mètres seulement, et celle-là 313 millions de mètres, par seconde. La rapidité de la pensée, comme celle des ondes lumineuses, est devenue proverbiale ; les ondes sonores, au contraire, se succèdent un million de fois plus lentement. Il faut donc aux œuvres littéraires une incubation assez prolongée ; un article de journal pas plus qu'un livre, un roman pas plus qu'un drame, ne se créent d'un premier jet, ne se forment tout d'une pièce. Un improvisateur n'est point un écrivain.

M. de Girardin disait, le 4 mars 1848 : « Les bonnes et les grandes choses se font vite ; il n'y a que les petites et les mauvaises qui se fassent lentement. » J'ignore si ces paroles peuvent être applicables aux actes politiques ; à coup sûr, elles ne sont pas vraies des choses de l'art. Le sage doit tourner sept fois la langue dans sa bouche avant de parler ; l'écrivain doit tourner la plume dans sa main septante fois sept fois avant d'écrire.

Le publiciste de *la Presse*, et c'est là un vice radical dans sa manière de travailler, procède en sens inverse. Sa plume suit de trop près son cerveau, si même elle ne le devance ; c'est celui-ci qui semble marcher à la remorque de celle-là ; c'est la première qui commande, le second qui obéit. L'exécution précède la volonté ; l'intelligence devient l'esclave de la main, l'âme se fait la servante du corps ; les bœufs se font traîner par la charrue.

César disait : *Veni, vidi, vici ; je suis venu, j'ai vu, j'ai vaincu*. M. de Girardin, lui, transposerait les termes et écrirait : *vici, vidi, veni* ; il *vaincrait* avant de *voir*, il *verrait* avant de *venir*. On sait qu'en raison de la différence de latitude et de longitude, une dépêche télégraphique partie de Paris à midi parvient à Londres à midi moins cinq minutes : le même phénomène se produit chez M. de Girardin ; le même écart se constate entre l'heure de l'esprit et l'heure de la plume, la même instantanéité entre la pensée et l'expression. Nous avions déjà l'électricité statique, l'électricité dynamique, l'électricité d'induction : nous avons aujourd'hui l'électricité de style.

J'aurais moins longuement insisté sur les défauts et les inconvénients de cette méthode, si M. de Girardin n'avait pas en lui tous les éléments d'un styliste supérieur. Il possède à un haut degré l'éclat, la verve, l'énergie, la force, la fécondité, la souplesse, la vivacité, la variété, l'abondance, la solidité, la persévérance, le trait, l'éloquence, la simplicité, l'ironie, l'élasticité, la fougue, l'élan, la passion. Ce qui lui manque, c'est le sentiment de la mesure, c'est la modération, c'est la continence, c'est le *Ne quid nimis* (*Rien de trop*) ; c'est la correction des détails, la coordination des parties, c'est l'unité dans la diversité, c'est l'harmonie de l'ensemble. Ce qui manque à cette plume, c'est le *self-government* ; ce qui manque à ce pégase de la

prose, c'est un mors. Je me trompe : il ne manque
à M. de Girardin qu'une seule chose : la patience !
la patience, que Buffon considérait comme le génie
lui-même ; la patience, qui ferait du publiciste effectivement ce qu'il est déjà virtuellement : un artiste. M. de Girardin est un grand écrivain à l'état
latent.

III

LE JOURNALISTE

III

LE JOURNALISTE

La première œuvre de M. de Girardin est un journal.

Sa première démarche politique a pour objet l'idée d'une transformation du journal officiel.

Le journal, après trente-huit ans, existe encore;

L'idée, repoussée en 1831 par le gouvernement de Juillet, a été réalisé par le gouvernement impérial en 1865.

Le futur rédacteur de *la Presse* conçoit, en 1828, la pensée d'un recueil hebdomadaire qui serait aux journaux ce que les *Ornements de la mémoire* ou les *Leçons de littérature* avaient été aux livres, ce que l'*Estafette* devait être plus tard aux feuilles politiques ; c'est-à-dire un choix d'extraits, une compilation judicieuse. Il lui donne pour titre : *Le Voleur*, et la hardiesse du titre ne contribue pas peu au succès du recueil. Ce succès se traduit en quelques mois par 2,500 abonnés produisant annuellement plus de 50,000 francs de bénéfices. Un autre recueil, *La Mode*, dont il a également l'idée, n'obtient pas moins de succès. Le premier numéro du *Voleur* avait paru le 5 avril 1828; le premier numéro de *La Mode* paraît le 1ᵉʳ octobre 1829. C'est dans *La Mode* que Balzac, Eugène Sue et madame Sand publient, tous les trois, leur premier article, et Gavarni son premier dessin. L'article de Balzac a pour titre : *El Verdugo* ; le récit d'Eugène Sue : *Plik et Plok* ; la nouvelle de madame Sand : *La Vierge d'Albano*.

La révolution de 1830 éclate. M. de Girardin, qui a vingt-quatre ans, la prend au sérieux, se hâte de vendre ses parts de propriété dans les deux publications créées par lui ; abandonne pour les choses graves la littérature légère, oublie le frivole pour songer à l'utile.

Il présente, en novembre 1830, à M. le duc de Broglie, un projet de législation provisoire de la

presse. En avril de l'année suivante, il remet à
M. Casimir Perier, président du Conseil, une *Note
sur la presse périodique*, dans laquelle il demandait
d'abord l'abolition du cautionnement, la suppression du gérant responsable et de toutes les mesures
restrictives, « qui ne servent, disait le jeune publiciste, qu'à maintenir la presse dans la dépendance
des partis, » et proposait ensuite de faire acheter
par le gouvernement le *Moniteur universel*, et d'en
réduire le prix à 18 francs par an, 5 centimes par
jour. Le projet est renvoyé à l'examen du comte
d'Argout, qui nie la puissance du bon marché.
Cette idée ne devait être réalisée qu'en 1865, par la
création du *Moniteur universel du soir*.

M. le comte d'Argout nie le mouvement,
M. Émile de Girardin marche. Il fonde le *Journal
des connaissances utiles* — à 4 francs par an — qui,
du 31 octobre 1831 au 31 décembre 1832, compte
230,000 abonnés. Jamais succès pareil n'avait été
obtenu. Cette réussite donne successivement naissance : à l'*Almanach de France*, tiré à 1,300,000
exemplaires, et paraissant sous le patronage d'une
Société Nationale pour l'émancipation intellectuelle;
à l'*Atlas portatif de France*, composé de 87 cartes et
ne coûtant qu'un franc ; à l'*Atlas universel*, coûtant

2 francs; au *Journal des instituteurs primaires*, coûtant 36 sous par an, 15 centimes par mois; à l'*Institut agricole de Coëtbo* (Morbihan), où cent jeunes gens pauvres sont logés, nourris et entretenus *gratuitement*, moyennant une cotisation annuelle d'un franc, volontairement payée par les abonnés les plus sympathiques du *Journal des connaissances utiles;* au *Musée des Familles*, imitation du *Penny Magazine* (traduit en français sous le nom de *Magasin pittoresque*), lequel n'avait été lui-même que l'importation britannique du *Journal des connaissances utiles*. Plus tard, *la Presse* sera également l'origine, en Angleterre, des journaux *the Daily-News*, *the Press;* en Autriche, de *la Presse* (de Vienne).

En 1833, M. de Girardin entreprend avec MM. Paulin et Bixio, la publication de *la Maison rustique du dix-neuvième siècle*. Poursuivant ses idées de réforme économique appliquées au journalisme et à la librairie, il conçoit : en premier lieu, le *Panthéon littéraire*, collection de cent volumes grand in-8° à deux colonnes, renfermant la matière de 1,000 volumes et embrassant les principaux chefs-d'œuvre de l'esprit humain. Il confie le soin de présider au choix des ouvrages et à la révision des textes, à MM. Buchon et Aimé Martin; en second lieu, la publication de romans, format in-8° plié in-12, caractères compactes, et vendus à raison de 10 centimes la feuille d'impression : devançant ainsi la réforme accomplie quelques années après sous les noms de *Bibliothèque Charpentier*, de *Collection Michel Lévy*, etc ; troisièmement, la publication de petits manuels à 40 centimes. Enfin, en 1851, paraîtra un journal politique et social à 6 francs par an, et qui, sous le titre de *Bien-Être universel*, réunira en quelques mois plus de cent mille abonnés.

Archimède disait : « Donnez-moi un point d'appui et un levier, et je soulèverai le monde. » Ces diverses entreprises avaient donné à M. Émile de Girardin le point d'appui : il lui manquait le levier.

Huit années s'étaient écoulées. Le jeune publiciste de 1828, trop peu sûr de lui, à cette époque, pour faire autre chose qu'une compilation, avait étudié, lu, médité. Il s'était à la fois enrichi et aguerri. Il était député. L'heure de chercher le levier était venue : il créa *la Presse*.

On sait ce qui s'ensuivit ; je n'y reviendrai pas.

Pour faire ressortir toute l'importance de la révolution opérée par le journal à 40 francs, il suffira de quelques chiffres.

Le droit de timbre sur les journaux avait produit, en 1835, 2 millions 227,539 francs; en 1845, ce droit s'élève à 4 millions 351,176 francs.

Le droit de poste avait produit, en 1835, 1 million 352,988 francs; il s'élève, en 1845, à 2 millions 338,268 francs.

Dix ans après la publication de *la Presse*, le trésor public devait donc à l'idée de M. de Girardin une augmentation annuelle de 3 millions 108,917 francs, augmentation représentant un accroissement parallèle du nombre des lecteurs et des numéros tirés.

En même temps qu'il change les conditions économiques du journalisme, le fondateur de *la Presse* en modifie la forme, les allures. Chaque article porte désormais un titre, qui provoque l'attention ; les articles s'enchaînent, se suivent, se précipitent, celui de la veille appelant celui du lendemain, celui du lendemain continuant celui de la veille ; le journal devient une sorte de revolver politique, dont les innombrables coups se succèdent avec une étonnante rapidité. C'est surtout à partir de 1847, après sa rupture avec le Cabinet du 29 octobre, que M. de Girardin prend directement à *la Presse* une part de collaboration plus importante, plus active, presque exclusive. Les dédaigneuses paroles de M. Guizot repoussant le concours des conservateurs-progressistes sont du 26 mars ; dès le mois d'avril, la lutte s'engage par l'affaire du Troisième Théâtre-Lyrique. « M. de Girardin, dit un excellent historien du temps, M. Élias Regnault, rappelait chaque matin dans son journal que le privilége d'un troisième théâtre lyrique n'avait été accordé qu'au prix d'une somme de 100,000 fr. versée dans la caisse du journal *l'Époque*. C'était M. Duchâtel, ministre de l'intérieur, disait et répétait le journaliste, qui lui-même avait dicté les termes de la transaction, qui lui-même avait fait demander les 100,000 francs, et qui lui-même avait exigé, contrôlé la remise. » (*Histoire de Huit ans*). Un procès fait à *la Presse* et qui lui coûte 170,000 francs, n'arrête pas le fougueux polémiste. Le 12 mai paraît un article où il était question d'une promesse de pairie faite par un tiers moyennant argent ; le 3 juin, une demande en autorisation de poursuites est déposée contre le député de Bourganeuf et accordée par la Chambre. Il est traduit à la barre de la Cour des Pairs, où il comparaît le 22 juin, sans défenseur, et où il est renvoyé des fins de la citation, ce qui est sans exemple. Cet acquittement a lieu à la majorité formidable de 134 voix contre 65. La courte défense de l'accusé se terminait par ces mots : « J'ai foi, messieurs les » Pairs, dans la vérité, qu'elle soit qualifiée un » moment d'erreur ou de calomnie. Toute vérité » opprimée est une force qui s'amasse, un jour de » triomphe qui se lève. Je ne serais pas un homme » politique si je ne savais pas attendre. » — Il n'attendit pas longtemps. Huit mois et deux jours après le 22 juin 1847, arrivait le 24 février 1848.

Ce triomphe devant la Cour des Pairs redouble l'audace et la force du journaliste, qui, quelques jours après, peut écrire impunément : « ... M. Guizot, avili par une de ces ignobles actions dont les plus violents de ses détracteurs ne l'eussent jamais cru capable; M. Duchâtel, convaincu de mensonge et d'imposture... [1]. » Cette campagne de juillet 1847 est quelque chose comme la *première cam-*

---

1. Ai-je besoin de dire qu'il ne faut pas s'arrêter à la lettre de ces violences de combat? On sait qu'en politique, appeler un homme : *infâme, scélérat, coquin,* cela veut dire tout simplement qu'il n'est pas de notre avis.

pagne d'Italie de M. de Girardin : Il se révèle déjà tout entier ; déjà, dans un article intitulé : *les Idées*, il prédit l'avénement prochain du suffrage universel. A chaque jour sa bataille :

21 juillet 1847. Les optimistes. *Ce qu'ils disent.*

22 juillet. Les conservateurs. *Ce qu'ils pensent.*

23 juillet. Le commencement et la fin de la session.

24 juillet. Le ministère actuel ne saurait subsister.

25 juillet. Les hommes.

26 juillet. Les choses.

27 juillet. Les idées. (*La paix, l'ordre, la liberté, l'égalité.*)

28 juillet. Les événements.

29 juillet. Les anniversaires politiques.

30 juillet. Pas de concessions : des convictions.

31 juillet. M. Guizot et M. Duchatel.

S'il attaque le ministère dans son journal, il ne suit point l'opposition sur le terrain des banquets, à propos desquels il dit, le 2 août : « Le veau froid ne nous compte point au nombre de ses grands-prêtres. » Il ne veut que la chute du cabinet; il redoute la révolution presque autant qu'il la prévoit.

Ses avertissements, ses prédictions, ne font point défaut au gouvernement. Le 9 mai, le 30 juin, le 12 août, le 12, le 14, le 16 décembre, il revient à la charge, montre le danger imminent, l'abîme presque entr'ouvert. Après le vote du 27 janvier 1848, où le ministère n'obtient que 216 voix, il l'engage vivement à se retirer. Le 12 février, il écrit, en sortant de la séance : « Notre lassitude n'est rien en comparaison de la tristesse des pressentiments sous l'empire desquels nous nous sommes éloigné de la Chambre après le vote de l'adresse. » Le lendemain, nouvelle tentative ; le 14, il donne sa démission de député. Ses derniers articles sont datés du 21 et du 23 février; ils ont pour titres : COMMENT CELA FINIRA-T-IL ? et L'EXPIATION.

La campagne de février-mars, qui se termine par l'émeute précédemment racontée, est plus remarquable encore. *La Presse*, réagissant contre l'abattement général, paraît le 25 février avec le fameux article : *Confiance ! Confiance !*

Le 26 février : AU PEUPLE.

Le 27 — LA RÉPUBLIQUE.

Le 28 — PAS DE RÉGENCE.

Le 29 — UNE IDÉE PAR JOUR. « Nous ouvrons une de nos colonnes à toutes les idées justes et utiles qui nous seront communiquées. »

Le 3 mars : La liberté.

Le 4 — La politique de l'avenir.

Ce ne sont pas des prolamations qu'il nous faut, s'écrie-t-il, ce sont des actes. Dans un très-éloquent article publié le 29 février, sous ce titre : Le commerce n'ira plus, il dit : « ... On illumine tous les jours : c'est bien. Mais il y a quelque chose de mieux encore que d'illuminer des maisons mornes et des pierres muettes. On ne consomme ainsi que des lampions, on ne fait gagner d'argent qu'aux épiciers. Il faut que tout le monde en gagne, sans même en excepter la jeune fille dont les doigts tressent des fleurs destinées à faire des couronnes et des guirlandes.....; » et, pour prêcher d'exemple, il ouvre ses salons et donne une brillante soirée. Dans son article du 4 mars sur la politique de l'avenir, nous trouvons déjà le germe de toutes les idées sociales qu'il doit développer plus tard. C'est le 5 qu'il commence à trouver le temps long, à voir que l'on ne fait rien et que l'on ne semble guère disposé à faire quelque chose, si ce n'est à modifier le nom du collége Saint-Louis et de la rue Rambuteau. « Les bonnes et les grandes choses se font vite, dit-il; il n'y a que les petites et les mauvaises qui se font lentement. » Cette guerre si tôt engagée contre le gouvernement nouveau, me paraissait alors injuste, et je n'ai point changé de manière de voir. Ce n'était pas en huit jours que cette dictature improvisée avait pu changer les bases de la société, et qui sait si ces attaques multipliées, en lui ôtant son prestige, n'ont pas contribué à son inaction ultérieure? Les grandes choses se faisaient vite en 93, je l'avoue; mais les têtes se coupaient plus vite encore. Si 1848 avait eu un *Comité de salut public*, nul doute que son premier acte n'eût été d'envoyer à la guillotine le rédacteur en chef de *la Presse*. Quoi qu'il en soit, le combat s'engage :

5 mars. ORGANISEZ; NE DÉSORGANISEZ PAS :
n'usurpez pas les places; méritez-les.

6 — LES IMPUISSANTS.

9 — LE CONGRÈS EUROPÉEN.

10 — CE QUI PRESSE.

12 — HENRI V.

13 — AUX OUVRIERS. « Cessez ces promenades, ces assemblées en plein air... »

— LE RENVERSEMENT DE LA RÉPUBLIQUE.

14 — LES RÉPUBLICAINS DU LENDEMAIN.

15 — Notre idée fixe.
26 — La faiblesse du pouvoir.

A dater de ce moment, les articles deviennent des actes; le journaliste et l'homme politique se confondent tellement, que la suite de cette histoire de *la Presse* sera mieux à sa place dans le chapitre suivant.

Le 2 décembre 1851, M. de Girardin combat toutes les motions de résistance à main armée et propose la grève politique, la grève universelle, tous les journaux non supprimés donnant les premiers l'exemple en s'abstenant de paraître. Ce qu'il propose, il l'exécute. *La Presse* fait grève pendant dix jours; elle ne reparaît le 12 décembre qu'en vertu d'une ordonnance de référé rendue le 11, par M. Cazenave, vice-président au tribunal civil de la Seine, à la requête de veuves et de mineurs.

Exilé en Belgique, puis rappelé en France par un deuil de famille, il se laisse entraîner par ces mots du Prince-président au Corps législatif : « *Conservons la République* » à reprendre la plume, à rentrer le 27 mars 1852, dans les rangs de la rédaction de *la Presse*, dont il ne tarde pas à tripler le chiffre du tirage. Elle ne tirait plus que 12,000 exemplaires et avait cessé de donner aucun revenu; il porte le tirage à 42,000, et le dividende annuel à 305,000 francs. Il reçoit trois avertissements signés : de Maupas : le premier, daté du 7 avril; le second, du 1ᵉʳ septembre ; le troisième, du 3 mars 1853, à raison d'une série d'articles intitulés : *Pourquoi la République a cessé d'exister*. L'année suivante, le 23 mars, arrive un quatrième avertissement signé : de Persigny, motivé sur la publication d'une lettre de Manin. Officieusement averti, le 23 septembre 1854, de ne pas donner suite aux articles publiés sous ce titre : *l'Ornière des révolutions*, et relatifs à la révolution espagnole, il se retire de la rédaction active de *la Presse* et n'exerce plus que passivement les fonctions de rédacteur en chef. Le 27 novembre 1856, il cède à M. Millaud, moyennant 800,000 francs, les quarante actions qu'il possède dans la propriété de *la Presse*, avec les droits qui y sont attachés.

Étranges inconséquences du cœur humain ! Achille n'est pas plutôt retiré sous sa tente, qu'il regrette déjà les combats ; Charles-Quint n'a pas plutôt abdiqué qu'il s'ennuie au monastère de Saint-Just. Lui aussi, bien que sa tente soit partagée avec une femme jeune et jolie, lui aussi, M. de

Girardin ne tarde pas à regretter la mêlée, à supporter impatiemment le calme de la retraite. Dès 1857, il reprend la plume dans la *Gazette de France*, où M. de Lourdoueix lui offre l'hospitalité, et soutient contre lui une polémique qui est réunie en un volume intitulé : *La liberté*. L'année suivante, il expose dans le *Courrier de Paris* comment pourraient se réconcilier *l'Empire et la Liberté*. En 1859, la brochure lui tient lieu de journal ; c'est toujours l'article sous une autre forme. La première, intitulée : *La Guerre*, atteint en moins de quinze jours le chiffre de huit éditions ; la deuxième : *Le libre Vote*, motivée par les élections anglaises, paraît sous l'apparence d'une lettre adressée à lord John Russell. Elles sont suivies de six autres portant les titres suivants, et qui n'obtiennent pas moins de succès :

L'Équilibre Européen.

Le Désarmement Européen.

L'Empereur Napoléon III et la France.

L'Empereur Napoléon III et l'Europe.

Conquête et nationalité.

Désarmement et matérialisme.

Ces huit brochures sont peut-être ce que M. de Girardin a écrit de meilleur. Je n'en cite rien ; il me faudrait citer tout. En 1860, nouvel article, c'est-à-dire nouvelle brochure ; il s'agit, cette fois, d'une solution de la question algérienne ; la publication a pour titre : *Civilisation de l'Algérie*. Enfin, en 1861, répondant à un écrivain d'un rare talent, M. Clément Duvernois, auteur d'une brochure intitulée : *Un Suicide politique*, il explique, dans une contre-brochure ayant pour titre : *Réponse d'un mort*, les motifs qui l'engagent à garder le silence.

Absent de *la Presse* depuis six ans, il n'avait pas cessé d'y être présent de cœur. En 1857, lors de la suspension infligée au journal le 4 décembre, la première pensée de son fondateur avait été de venir en aide aux ouvriers privés de travail pendant deux mois ; et cette préoccupation avait donné naissance aux *Questions de mon temps* : 1836 à 1856, réimpression de la plus grande partie des articles publiés dans cette période de vingt années. *La Presse* avait changé deux fois de propriétaire ; quatre rédacteurs en chef s'y étaient succédé ! Le 2 décembre 1862, cédant à des instances pressantes, M. de Girardin en reprend la direction politique. Il revient à son journal, plus jeune, plus fort, plus infatigable que jamais. Personne n'a oublié la brillante campagne électorale de 1863, la série d'articles sur *L'apaisement de la Pologne*, les innombrables questions traitées et résolues dans ces trois années. Tous ces travaux, publiés au jour le jour, ont été réunis en trois gros volumes de 800 pages, qui font suite aux *Questions de mon temps*, et qui ont pour titres : *Paix et liberté* (1863), *Force ou richesse* (1864), *Les Droits de la pensée* (1865).

IV

L'HOMME POLITIQUE

IV

L'HOMME POLITIQUE

Proudhon a dit de M. de Girardin « qu'il possède à un degré supérieur la faculté essentielle de l'homme d'État, le bon sens. » A cette qualité première il aurait pu ajouter : la largeur de vues et de sentiments, qui exclut les préjugés et les rancunes, la clairvoyance qui devine le danger et l'initiative qui le conjure.

Pour peu qu'on jette les yeux sur l'histoire des trente dernières années, on se convaincra qu'il n'est pas un seul événement qu'il n'ait prévu et prédit longtemps à l'avance. Ce rôle de Cassandre a, je le sais, le privilége de faire sourire les aveugles; mais le jour où Troie est en cendres, où les murs de Jérusalem s'écroulent, les optimistes ne rient plus.

Dès le 14 septembre 1836, le député de Bourganeuf, écrivait : « Ce n'est plus vraiment la paix universelle qui doit être traitée de chimère; c'est la perpétuité dynastique. » Plus tard, le 7 janvier 1845 : «... En politique, le présent n'existe pas : c'est déjà du passé; la politique ne se compose que de passé et d'avenir. Or, *l'avenir seul nous inquiète. Nous voyons avec effroi toutes les questions les plus grosses s'ajourner, s'accumuler...* » A mesure que nous avançons, ces pressentiments vagues font place à des craintes plus précises. Aux railleries du *Journal des Débats* contre le *parti faiseur*, le chef des *Conservateurs-Progressistes* répond, le 9 mai 1847 : «... Entre le parti conservateur et le parti faiseur il y a un abîme; au fond de cet abîme *il y a une révolution.* Le parti faiseur veut la prévenir, le parti conservateur préfère l'attendre. »
— Il ne devait attendre que neuf mois et quinze jours. — Le 30 juin, il dit encore : «... Voilà douze ans que nous demandons sans relâche les réformes exigées par l'opinion publique.... Aimera-t-on mieux attendre que le jour des réformes soit passé,

que celui des révolutions soit venu?.... » En juillet, les mêmes tristes prévisions se font jour dans l'énergique série d'articles que j'ai rappelée plus haut : *Les Optimistes — les Conservateurs — la Session — le Ministère — les Hommes — les Choses — les Idées — les Événements — les Anniversaires — Pas de concessions — M. Guizot et M. Duchâtel.* Il considère déjà comme très-prochain l'avénement du suffrage universel. Nouveaux efforts le 12 août, puis le 12, le 14, le 16 décembre ; puis le 21 janvier 1848, après le vote des 225. Le 27 janvier, après le vote, à une majorité plus faible encore (216 voix) du paragraphe de l'adresse dirigé contre 107 députés, et qui flétrit en leurs personnes les *passions aveugles et ennemies*, il blâme énergiquement le cabinet de ne pas se retirer. C'est dans cette séance qu'il répond au président disant : *Vous n'avez pas la parole : — Je la prends ;* de même que le surlendemain, ayant appelé M. Hébert, garde-des-sceaux : un *Tartuffe de justice* et frappé d'un rappel à l'ordre, il répondra carrément : *je ne l'accepte pas ; je maintiens l'expression*, et continuera à trainer dans la boue le Ministre de la justice. Le 12 février il écrit : *Notre lassitude n'est rien en comparaison de la tristesse des pressentiments sous l'empire desquels nous*

nous sommes éloigné de la Chambre après le vote de l'adresse. Même cri d'alarme le lendemain 13 février. Le 14, il donne sa démission dans la lettre suivante, dont la lecture par le président produit une sensation profonde :

« Entre la majorité intolérante et la minorité
» inconséquente, il n'y a pas de place pour qui ne
» comprend pas :
» Le pouvoir sans l'initiative et le progrès ;
» L'opposition sans la vigueur et la logique.
» Je donne ma démission. J'attendrai les élec-
» tions générales. »

C'est le soir de ce même 14 *février*, huit jours avant le coup de feu accidentel du boulevard des Capucines, qu'il écrit ces deux lignes mémorables :

POUR ALLUMER UNE RÉVOLUTION IL SUFFIT DE LA CAPSULE D'UNE BAÏONNETTE ININTELLIGENTE.

Après avoir prévu le 24 février, M. Émile de Girardin prévoit les journées de juin. Il écrit, le 21 juin : « La constitution ne pourra pas être votée avant deux mois; *d'ici là, une seconde journée du 15 mai peut être tentée,* et, après avoir échoué une première fois, réussir... » Ce n'était pas avant *deux mois*, c'était avant *deux jours* que devait éclater cette seconde journée du 15 mai, et l'on sait s'il s'en est fallu de beaucoup qu'elle ne réussît !

Enfin, il prédit bien plus clairement, plus catégoriquement, le 2 décembre et le renversement de la république.

Dès le 21 juin 1848, il écrit : « Vous verrez que la présidence aux appointements de 600 mille francs sera l'écueil contre lequel viendra se briser la république du 24 février... » On a beaucoup parlé du fameux mot de M. Thiers, prononcé deux mois avant le coup d'État : *L'empire est fait!* Ce mot avait été, non pas dit, mais écrit, non pas deux mois, mais deux ans avant le 2 décembre, par M. de Girardin. Un article du 23 mai 1849, qui, lu le lendemain à l'Assemblée nationale, y provoqua une tempête, portait ce titre en toutes lettres : L.-N. BONAPARTE EMPEREUR. Le 30 mai, *la Presse* dit encore : «... Nous voyons qu'on court à l'abîme par une pente cent fois plus rapide qu'en 1847...; » le 22 octobre 1849 : «... Une nouvelle édition du 18 brumaire est une éventualité qui doit être constamment prévue. » Le 3 novembre de la même année, à propos du Message du président de la république, en date du 31 octobre, M. de Girardin est bien plus explicite, bien plus affirmatif dans ses prédictions. Tout récemment, enfin, n'a-t-il pas annoncé à l'avance le triste dénouement de l'héroïque, mais imprudente insurrection polonaise?

Ce qui donne peut-être au fondateur de *la Presse* cette sûreté de coup d'œil, cette froideur de jugement, c'est sa complète indépendance des gouvernements et des partis; c'est son indiscipline absolue. Chose étrange, cet isolement dont nous l'avons vu souffrir dans la vie privée, il le recherche presque ou du moins ne le redoute point dans la vie publique. Il ne se traîne pas plus à la remorque des coteries qu'il ne s'inféode à un cabinet. Alors même qu'il combat le plus vivement M. Guizot, il n'appartient point à l'*opposition* constituée; il dédaigne les faciles succès oratoires des banquets; « le veau froid ne le compte point au nombre de ses grands-prêtres »; alors même qu'il défend le plus chaleureusement la république, en 1850, il ne croit pas devoir la mettre au-dessus du suffrage universel; et aux élections du 10 mars, il n'hésite pas à sacrifier sa candidature à ses convictions. Le concours si désintéressé et si puissant qu'il prête à l'Opposition, aux élections générales de 1863, ne l'empêche point de se séparer d'elle sur la question polonaise. La popularité ne le séduit ni ne l'attire : «Hommes populaires, dit-il, instruments d'un parti, sans valeur par eux-mêmes.... » Il ne suit point le courant, il le remonte.

A peine entré à la Chambre, en 1834, il s'assied à égale distance de l'opposition et de la majorité. S'il y avait alors une fraction parlementaire décriée, raillée, ridiculisée, c'était assurément ce groupe qu'on appelait les hommes de juste-milieu. C'est parmi eux qu'il vient résolument s'asseoir ; c'est à la tête de ce *tiers-parti* qu'il se montre prêt à se placer. Le premier, il dit à la tribune, le 26 août 1835 : «... Ce parti, à qui personne ne paraît oser commander, dont nul ne veut être ; ce parti qu'on attaque en même temps qu'on le conteste, ce parti, c'est le mien... » Il indique en ces termes la ligne qu'il suivra : «... Aider le gouvernement dans tout le bien qu'il veut faire ; l'arrêter dans tout le mal qu'il peut faire. Se tracer hardiment au travers de toutes les opinions contraires une voie droite et large ; éteindre les passions en laissant les récriminations et les défis ; affaiblir les partis et les fondre... » Ce qu'il conseille au gouvernement, c'est de distinguer toutes les notabilités pour les absorber en lui, et de priver ainsi les partis de toutes les forces dont s'accroîtrait le pouvoir. Ce serait, selon lui, le seul moyen d'appauvrir, de déconsidérer, de dissoudre l'opposition.

Cette ligne de conduite est encore celle que suivait hier *la Presse*; et ce n'est point sa faute s'il ne s'est pas formé au Corps-Législatif un tiers-parti avec lequel il faille compter. M. de Girardin n'a pas cessé d'être, en 1866, ce qu'il était en 1836, de penser sous l'empire ce qu'il pensait sous le régime parlementaire. Il a pu élargir son programme, il ne l'a pas changé. Il ne désavouerait pas un seul des termes dans lesquels il le formulait ainsi il y a trente ans :

« Désarmement des peuples et des partis; légitimité de toute les supériorités; initiative du pouvoir allant au-devant des réformes.

» Tout par la civilisation. Rien par la révolution. Tout par la force immatérielle, rien par la force matérielle. Ni barrières ni barricades. Ne pas se servir du peuple, mais le servir. »

Cet isolement est souvent une force et toujours une preuve de courage. Le jeune député de 1834 ne s'est pas écarté une seule fois de cette attitude depuis trente-deux ans, soit dans les assemblées, soit dans la presse ; qu'il s'agisse de la politique intérieure ou de la politique étrangère. Si nous le voyons en 1837 préférer l'alliance russe à l'alliance anglaise, cela ne l'empêche pas, en 1840, de réagir avec énergie contre les velléités belliqueuses et les tendances anti-britanniques de M. Thiers, partagées et encouragées par la France entière. La *perfide Albion* ne l'a jamais compté au nombre de ses irréconciliables ennemis. Lui seul il a l'audace d'attaquer le ministère du 1er mars ; lui seul il ose faire entendre une parole de paix : «... *L'étranger menace la France !* contre ce cri répété par cent échos, une seule voix s'est élevée pour protester, c'est la nôtre. On a essayé de l'étouffer ; elle a redoublé... » (6 août 1840). M. de Girardin ne voulait pas plus, en 1840, qu'on fît la guerre pour Méhémet-Ali, qu'il ne voulait, en 1863, que la France intervînt en Pologne ; il se trouvait isolé, il y a vingt-six ans, sur la question d'Orient, comme il l'était naguère sur la question polonaise, comme il l'est encore sur la question algérienne, comme il l'a presque toujours été sur la plupart des grandes questions. A toutes les phases de sa vie publique je retrouve le même système, la même logique, le même dédain pour la politique moutonnière. Soit qu'il combatte M. Thiers en 1840 et M. Guizot en 1847, soit qu'il défende contre la coalition de 1839 le ministère Molé; soit qu'il reprenne le 15 juin 1849, en face du cabinet Odilon-Barrot, la situation qu'il avait choisie en 1847, en face du cabinet du 29 octobre; soit qu'il patronne en novembre 1848 la candidature du neveu de Napoléon, soit qu'il attaque pendant trois ans l'élu du 10 décembre; soit qu'il donne sa démission le 14 février 1848, soit qu'il propose à l'opposition de se retirer tout entière le 8 juillet 1851, le jour où M. Rouher, Ministre de la justice, qualifie à la tribune de « catastrophe » la révolution à laquelle il doit son portefeuille et d'où est sorti le gouvernement dont il est le Garde-des-Sceaux; soit qu'il accuse en mars 1848 l'impuissance du Gouvernement provisoire; soit qu'il flétrisse éloquemment en mars 1851 la lâcheté des *insulteurs* tardifs *du 24 février*; soit qu'il propose la résistance passive contre le coup d'État de décembre, soit qu'il cherche à rendre compatibles l'empire et la liberté : je trouve dans l'ensemble de ses actes, de ses paroles, de ses votes, de ses écrits, une unité parfaite. Il n'a pas varié d'un *iota* ni reculé d'une semelle. Il a pu se tromper ou être trompé; il n'a jamais lui-même trompé personne. La mobilité politique qu'on lui a si souvent reprochée est un non sens, une chimère. N'ayant subi en aucune circonstance le joug d'aucun parti, ni aliéné un seul jour son indépendance, ni reçu de mot d'ordre que de lui-même, ni arboré d'autre drapeau que celui du progrès, ni reconnu d'autres gouvernements de droit que les gouvernements de fait, il s'est placé tellement en dehors et au-dessus de tous les camps, de toutes les sectes, qu'aucune Église ne pourrait légitimement le considérer comme un transfuge ; qu'aucune armée ne pourrait voir en lui un déserteur. M. de Girardin n'a jamais été que le chevalier errant de la Liberté.

Son premier discours, en 1834, est prononcé en faveur des caisses d'épargnes ; son premier vote est déposé contre le renvoi devant la Cour des Pairs de M. Audry de Puyraveau. Il se récuse dans le jugement rendu par la chambre des députés traduisant à sa barre le rédacteur du *Réformateur*, M. Raspail. Il parle et vote contre les lois de septembre, contre les lois de non-révélation et de disjonction. Il refuse son assentiment aux fortifica-

tions de Paris, au procès Dupoty, au rappel de
M. de Salvandy, ambassadeur à Turin, à l'aggravation du droit de visite par le traité du 20 décembre 1841, à la prise de possession de Taïti et des
Iles Marquises, à l'indemnité Pritchard, au paragraphe de l'adresse de 1844 *flétrissant* les pèlerins légitimistes de Belgrave-Square. Réélu, pour la sixième
fois, en 1846, député de la Creuse, il devient le chef
du groupe qui, voulant l'application du programme
développé à Lisieux par M. Guizot, reçoit le nom
parlementaire de *parti des Conservateurs-Progressistes*, comprenant une quarantaine de membres,
entre autres l'illustre et regrettable économiste,
M. Blanqui. Arrive le vote de l'adresse de 1848,
le 12 février, et le 14 a lieu la démission motivée
du journaliste-député. L'opposition n'a qu'à suivre cet exemple pour rendre inévitables la dissolution de la chambre et la retraite du ministère, et
conjurer une révolution si imminente que dix
jours après elle passe de l'état de pressentiment à
l'état de fait accompli : l'exemple n'est pas suivi.

Le 24 février, M. de Girardin se rend à huit
heures au palais des Tuileries, pour instruire le
roi de la gravité extrême que prennent d'heure
en heure les événements. Il s'y rencontre avec

M. Thiers, investi de la Présidence du conseil, et qui le prie de courir en toute hâte à l'imprimerie de *la Presse*, pour y faire composer et tirer une proclamation qu'il fait effectivement composer, tirer et afficher; mais qui n'est accueillie que par les huées et les railleries de la multitude. Il en fait aussitôt composer une autre ne contenant que ces quatre lignes :

« Abdication du roi ;

« Régence de la Duchesse d'Orléans ;

« Dissolution de la Chambre ;

« Amnistie générale. »

Il la porte au roi. La foule révolutionnaire grossit à vue d'œil; c'est à peine s'il peut parvenir jusqu'aux Tuileries. Louis-Philippe était étendu dans un grand fauteuil près de la fenêtre. M. Thiers et M. de Rémusat étaient debout, appuyés sur la cheminée.

— Qu'y a-t-il, M. de Girardin? demande le roi.

— Il y a, sire, que l'on vous fait perdre un temps précieux, et que si le parti le plus énergique n'est pas immédiatement adopté; dans une heure il n'y aura plus de royauté en France.

M. de Girardin sent aussitôt tous les regards se darder sur lui. L'aveuglement est si profond, que l'on se fait encore illusion. On doute ; on se demande s'il n'a pas perdu la raison en s'exprimant ainsi.

Il aperçoit, à côté de M. Thiers M. Merruau, rédacteur en chef du *Constitutionnel* :

— Interrogez, reprend-il vivement, interrogez M. Merruau, sur l'accueil qu'a reçu la proclamation qui vient d'être imprimée. Demandez-lui si on a permis qu'elle fût placardée.

Le récit de M. de Girardin est confirmé par M. Merruau. Après un moment d'abattement, la voix du roi se fait entendre : « Que faire ? »

M. de Girardin répond :

— Abdiquer, Sire.

— Abdiquer !

— Oui, sans hésiter, et en conférant la régence à madame la duchesse d'Orléans ; car M. le duc de Nemours ne serait pas accepté.

Le roi se lève et dit :

— Messieurs, voulez-vous que je monte à cheval ?

— Non, Sire, lui répond-on ; ce serait inutile.

M. le duc de Nemours s'approche du roi et le presse de céder. Après quelques minutes d'hésitation, le roi dit :

— J'abdique !

La régence de madame la duchesse d'Orléans est également acceptée, M. de Girardin sort pour l'annoncer au peuple. Après des efforts surhumains pour se faire entendre, sa voix étant couverte sur la place du Palais-Royal par les feux croisés de la garde municipale qui se défend contre la foule insurgée, il retourne aux Tuileries d'où la famille royale s'est retirée en toute hâte. Il s'assied à une table, et là, pendant une heure, il écrit ou signe plus de 500 bulletins d'abdication, qu'on se dispute, qu'on s'arrache. Il est trop tard.

Il est une heure. M. de Girardin court à la Chambre où il arrive assez à temps pour protéger, à l'aide d'un drapeau qu'il arrache des mains d'un assiégeant, la duchesse d'Orléans dans sa fuite, et assister à l'improvisation du gouvernement nouveau, proclamé à la tribune de la Chambre des députés avant de l'être au balcon de l'Hôtel-de-Ville.

On se rappelle son attitude en face du gouvernement provisoire. L'émeute du 29 mars n'a pu l'intimider; il cède à la prière, se rend à l'appel fait à son patriotisme, et déclare qu'il s'abstiendra de toute critique jusqu'au 4 mai, date fixée pour la réunion de l'Assemblée nationale constituante. Quoiqu'il ait déclaré, aux élections d'avril, ne vouloir briguer aucune candidature, son nom sort le onzième sur la liste du département de la Creuse. 12,800 voix lui sont données; le citoyen Nadaud, maçon, ne l'emporte sur lui que de 400 voix. Le 8 juin, malgré la guerre déclarée à sa candidature, il obtient spontanément à Paris 70,500, voix; mais M. Proudhon en ayant obtenu 77,000, ce dernier est nommé. Mentionnons, en passant, une brillante polémique engagée, en mai, entre *la Presse* et *le Représentant du Peuple* fondé par M. Fauvety, et qui a pour directeur politique M. Proudhon.

Les événements se précipitent : au 15 mai succède le 24 juin. Arrêté le 25 dans les bureaux de la rédaction de *la Presse* et conduit à la prison de la Conciergerie, il est tenu au secret le plus rigoureux pendant onze jours, sans qu'on sache pourquoi il a été arrêté. Toute sa correspondance est saisie à la poste et ouverte, sans qu'on y puisse trouver le plus faible indice, la plus petite preuve de nature à le rendre suspect de peu d'attachement à la république. *La Presse*, supprimée sans motifs le 25 juin, reparaît sans conditions le 5 août, après 42 jours de suspension. Cette arrestation arbitraire lui fait tort dans l'opinon : aux élections partielles qui ont lieu à Paris le 22 septembre, en plein état de siége, il voit le chiffre des suffrages exprimés par son nom tomber de 70,500 à 26,885.

Les quatre mois écoulés entre la réapparition de *la Presse* et le 10 décembre sont l'époque la plus éclatante de la vie entière de M. de Girardin. Je ne sache rien de plus saisissant que cette lutte audacieuse, prolongée, triomphante, d'un journaliste contre un dictateur, d'une plume contre un sabre ; que cette mise en accusation d'un gouvernement par un citoyen ; que ce réquisitoire quotidien et ces invectives passionnées, qui laissent bien loin en arrière les *Philippiques*, les *Verrines*, les *Catilinaires*, les *Lettres de Junius*, les violentes dénonciations de Wilkes contre lord Chatam, les pamphlets de Sheridan, de Paul-Louis Courier, et de Timon.

Les hostilités s'ouvrent, dès le 5 août, par le *Journal d'un Journaliste au secret — le Peuple — les Conspirateurs — les Républicains de la veille — Bon sens, Bonne foi.* Elles se continuent par la longue série intitulée : *Le général Cavaignac devant la*

8.

Commission d'enquête, qui se poursuit sans interruption pendant deux mois. C'est une guerre à mort. J'ai compté 83 articles, c'est-à-dire 83 blessures [1].

Le 24 octobre, il pose hautement, le premier, la candidature à la Présidence de la république du prince Louis-Napoléon Bonaparte. Il la soutient en 48 articles — 48 nouveaux coups portés au général Cavaignac, — avec une ardeur qui finit par entraîner *le Constitutionnel* et la majorité de la presse départementale. On connaît le résultat.

Quatre jours après l'élection — le 14 décembre, — il remet au Président une *Note* contenant un programme complet de gouvernement, commençant par une amnistie générale et finissant par une simplification administrative, par une concentration de tous les portefeuilles en trois ministères : *ministère dirigeant, ministère des recettes, ministère des dépenses*. Le choix lui est offert entre la Préfecture de police et la Direction générale des Postes. Les instances les plus pressantes lui sont faites. Il persiste dans son refus. Le 20 dé-

---

[1]. Si j'applaudis à l'éloquence de l'écrivain, je n'entends nullement épouser sa cause contre l'honorable général qui est sorti si noblement du pouvoir.

cembre, de nouvelles instances lui sont renouvelées pour qu'il accepte l'ambassade de Naples. Il y oppose le même refus, et déclare qu'il n'acceptera jamais qu'une fonction où il pourra faire la preuve de la justesse de ses idées par leur application. Un journal, l'*Opinion publique*, lui reprochant, un peu plus tard, d'ambitionner le pouvoir, il répondra avec la franchise qui lui est habituelle : « M. de Girardin a fait bien plus encore que d'aspirer aux fonctions de ministre dirigeant, il a eu l'audace de s'y préparer. » En attendant, il se tient sur la réserve et garde une neutralité bienveillante.

Fidèle à son drapeau de la liberté pour tous et contre tous, il continue en 1849, sous le ministère de M. Barrot, l'opposition qu'il avait faite en 1847 au cabinet dirigé par M. Guizot. Il essaie, mais en vain, de se mettre en travers de la réaction. Au renouvellement de l'Assemblée, le 13 mai, il décline toute candidature, et combat en principe et en fait le système des Comités, qui ont la prétention de centraliser les élections et de dicter aux citoyens le choix de leurs représentants. En octobre, sa candidature, improvisée en Algérie, après le retentissement du procès de Versailles, y est accueillie avec une telle faveur, que son nom est le premier qui sort de l'urne dans la province d'Alger. M. de Rancé, soumis à la réélection, ne l'emporte sur lui de 51 voix que parce que le courrier expédié dans la province de Constantine, n'y peut arriver à temps.

Convoqué, le 12 juin 1849, à la réunion des journalistes qui a lieu dans les bureaux de *la Démocratie pacifique*, il combat la pensée de toute démonstration pacifique ou armée contre l'expédition de Rome, et réussit à faire adopter son opinion. Mais ailleurs d'autres influences prévalent, et la manifestation a lieu le lendemain, 13 juin. Cité comme témoin, le 16 octobre, dans le procès de Versailles, à raison de cette réunion du 12 juin, à laquelle il a assisté et où il a pris la parole, il se plaint avec énergie devant la Haute-Cour de justice, de tentatives qui auraient été faites par le jeune substitut chargé de l'interroger, pour influencer sa déposition; il parle d'intimidation, de menaces. Le ministère public proteste. M. de Girardin insiste. La lutte s'envenime, l'avocat-général veut interdire la parole au témoin, qui, loin de se taire, accentue davantage son rôle d'accusateur. Les prévenus interviennent. M. le procureur-général Baroche se lève à son tour. A deux reprises il parle de recourir à des mesures sévères contre le témoin, de prendre des réquisitions... — « *Requérir contre moi?* s'écrie M. de Girardin, sur un ton impossible à rendre, *ah!* JE VOUS EN DÉFIE!

Voici en quels termes deux journaux du temps appréciaient ce grave épisode du procès de Versailles. C'est d'abord *la Démocratie pacifique :*

« M. de Girardin est venu faire acte de haute moralité politique, en laissant éclater avec véhémence tout le mépris que lui inspire la conduite scandaleuse de ces hommes qui précipitent un peuple dans la rue, font une révolution, renversent un trône, et qui, dès qu'ils se sont assis sur le siége par eux convoité, n'ont rien de plus pressé que de reculer les bornes de l'arbitraire qu'ils avaient flétri, quand l'opposition leur était nécessaire pour escalader le pouvoir... »

La République, dont M. Adolphe Guéroult était le principal rédacteur, *la République* disait, de son côté :

« ..... M. de Girardin, avec une éloquence nerveuse, entraînante, a établi ces points graves..... Il a protesté avec énergie, au nom de la liberté du témoignage méconnu dans sa personne..... Il a parlé de ténacité et de perfidie.....

»..... M. Baroche a tenté de venir au secours de son lieutenant écrasé..... Les accusés Paya et Toussenel protestent à leur tour..... La mêlée était générale, saisissante, tragique..... M. de Girardin insistait, protestait..... Les accusés palpitaient d'émotion; le procureur-général était pâle..... *M. de Girardin souriait.....*

»..... Nous devons dire que *M. de Girardin s'est élevé dans ce solennel débat à un rare degré d'éloquence.* Il a été *inspiré* et *vraiment sublime*. L'effet qu'il a produit a été immense..... »

Le directeur de *la Presse* avait dit, le surlendemain, de l'affaire du conservatoire : « nous reprenons, le 15 juin 1849, la position que nous occupions .e 14 février 1848. » Il voit se succéder avec la même tristesse les mêmes fautes; — la majorité parlementaire n'est pas moins aveuglée que ne l'était le gouvernement de Juillet; — il voit s'entr'ouvrir le même abîme. En 1850, il attaque avec une extrême vivacité la loi du 31 mai, fait signer dans les bureaux de *la Presse* une pétition qui se couvre, en dix jours, de 124 mille signatures; la loi n'en est pas moins votée. Les électeurs du Bas-Rhin lui tiennent compte de sa courageuse campagne contre le suffrage restreint, en le nommant leur représentant : 37,566 voix lui sont données ; il est le dernier élu du suffrage universel. Entré à l'Assemblée législative, il y combat toutes les mesures restrictives de la liberté de la presse et vote contre la loi du 16 juillet 1850. Le 3 mars 1851, il dépose sur le bureau la proposition d'abroger toutes les lois d'exception en vertu desquelles une peine afflictive, infamante ou autre, est directement appliquée par le pouvoir législatif, au mépris du principe constitutionnel qui fait de la séparation des pouvoirs la première condition d'un gouvernement libre. En fait, c'est l'abrogation des lois du 10 avril 1832 et du 26 mai 1848 qui bannissent de France les deux branches de la maison de Bourbon, et du décret du 27 juin 1848, sur la transportation sans jugement. Le 28 mai, il demande l'abrogation du décret du 11 mai 1848, relatif aux crimes et délits commis par la voie de la presse. Dans la discussion de la proposition Rateau, ayant pour objet la révision de la Constitution, il déclare qu'il se ralliera à cette mesure si, préalablement, le gouvernement fait rapporter les lois restrictives du suffrage universel et de la liberté de la presse. Comme journaliste, il ne fait pas une guerre moins ardente à l'arbitraire, et ne consacre pas moins de cinquante articles à demander le rappel de la déplorable loi du 31 mai. Il écrit fièrement, le 6 août 1851, à propos d'une réclamation en faveur de M. Proudhon, qu'on avait jeté dans une prison malsaine :

« ..... Le reproche que je fais à M. L.-N. Bonaparte, ce n'est pas de suivre une politique funeste ; c'est de ne s'être pas montré AVANT le 10 décembre, ce qu'il s'est montré APRÈS ; ou de n'être pas resté APRÈS ce qu'il était AVANT. J'ai le droit de dire que j'ai été trompé.

» Je ne suis pas allé au-devant de M. L.-N. Bonaparte ; c'est M. L.-N. Bonaparte qui est venu au-devant de moi.

» Je ne connaissais pas M. de Persigny. C'est M. de Persigny, condamné de la cour des Pairs, qui est venu frapper à la porte de l'écrivain qui dirige *la Presse*..... »

On sait la situation qu'il prend le 2 décembre 1851, les conseils qu'il émet, l'exemple qu'il donne. Le 9 janvier 1852, il est compris dans le troisième décret de proscription qui éloigne temporairement un certain nombre de représentants. Retiré à Bruxelles, où il publie le volume intitulé : la *Politique universelle*, il est rappelé en France, le 5 mars, par un deuil de famille. Nommé, en 1858, par le prince Napoléon, membre du Conseil supérieur de l'Algérie, il donne sa démission le jour même où le prince n'est plus ministre de l'Algérie et des Colonies. Personne n'a oublié, enfin, la part considérable, prépondérante, qu'il a prise aux élections générales de 1863, ni les efforts qu'il a faits en 1865 pour constituer un tiers-parti.

Le trait saillant du caractère politique de M. de Girardin, c'est la générosité. Elle s'est élevée chez lui à l'état de théorie. Ce n'est point affaire de sentiment, mais d'intérêt bien entendu. Elle a sa source dans la raison bien plus que dans le cœur; c'est une doctrine, non un élan. Il dirait volontiers en variant un mot de Franklin : « Si les méchants savaient tout l'avantage qu'il y a à être *bon*, ils seraient *bons* par *méchanceté*. » C'est l'application à la politique de la maxime utilitaire de l'évangile : *Fais à autrui*, etc. Auguste pardonnant à Cinna n'est point un homme sentimental, c'est un homme sage. Titus faisant asseoir à sa table les deux patriciens qui ont comploté sa mort, Titus n'est point un prince magnanime, c'est un prince habile. Il n'y a que les morts qui reviennent; il n'y a que les exilés qui soient dangereux; il n'y a que les persécutés qui soient redoutables.

En 1834, M. de Girardin vote contre le renvoi devant la Cour des pairs de M. Audry de Puyraveau. Il se récuse dans le jugement que rend la chambre des députés contre M. Raspail. Le 20 juillet 1836, le 6 août, le 8 août, il demande avec insistance l'amnistie, puis s'écrie douloureusement : «..... Le ministère ne l'a pas voulu, ce grand acte de clémence. Dieu veuille qu'il ait eu raison et que nous ayons eu tort ! » Il y revient le 28 avril 1837, le 4 mai. Plus tard, tout en applaudissant à l'ordonnance du 4 octobre 1844, qui amnistie divers condamnés politiques, entre autres M. Dupoty, dont il avait chaleureusement pris la défense en 1841, il écrit, le 7 octobre : «..... Nous n'exprimerons même pas notre vif regret que cette amnistie n'ait point été plus étendue, et n'ait point ouvert les PORTES DE HAM en même temps que celles du Mont-Saint-Michel. » Encore quelques années, et ce mot d'amnistie, il le fera retentir bien souvent aux oreilles du prisonnier de Ham devenu président, devenu empereur. Dans sa note du 14 décembre, remise à l'élu du 10 décembre, il ne se borne pas à demander une amnistie générale, l'abrogation des décrets bannissant les Bourbons et les d'Orléans, la mise en liberté d'Abd-el-Kader ; il va plus loin ; il propose de confier au prince de Joinville la présidence du Conseil d'amirauté, et le gouvernement-général de l'Algérie au duc d'Aumale. En octobre 1849, il entreprendra une de ses plus vigoureuses campagnes en faveur de la proposition déposée par M. Napoléon Bonaparte (aujourd'hui prince Jérome), pour le rappel des lois de bannissement d'avril 1832 et de mai 1848, et du décret du 27 juin sur la transportation sans jugement. Cette proposition, rejetée le 25 octobre par 419 voix contre 183, il la reprendra en son nom, le 3 mars 1851. Des 419 membres de l'Assemblée qui votaient contre la proposition du prince Napoléon, de ces 419 proscripteurs du 25 octobre 1849, plus de la moitié devaient, deux ans après, être bannis à leur tour !

Non moins aveugles avaient été, le 27 janvier 1844, les 220 députés infligeant un vote de *flétrissure* à cinq de leurs collègues, aux pèlerins légitimistes de Belgrave-Square. Au paragraphe 10 du projet d'Adresse, ainsi conçu : « La conscience publique FLÉTRIT de *coupables* manifestations. Notre révolution de juillet, en punissant la violation de la foi jurée, a consacré chez nous la sainteté du serment. » M. de Girardin propose de substituer cet amendement, reproduction littérale d'une phrase du discours du trône : « Les factions sont vaincues, et de vaines démonstrations de leur part ne feraient que constater leur impuissance. » Cet amendement est rejeté. Deux autres amendements, de MM. Ferdinand de Lasteyrie et Aylies, sont également repoussés ; et en dépit des efforts et des deux magnifiques discours de MM. Ledru-Rollin et de Lamartine, 220 voix contre 190, sur 410 votants, *flétrissent* MM. Berryer, de Larochejacquelein, de Valmy, de Larcy, et Blin-Bourdon.

A l'inverse des partis qui ne veulent la liberté que pour eux, M. de Girardin a constamment réclamé la liberté pour tous : la liberté même pour les légitimistes ; *la liberté même pour les jésuites* qu'il défend contre le gouvernement, contre M. Thiers, contre le journal le *Siècle*, en de nombreux articles, — 2 mai 1845, 7 juillet, 11 juillet, 19 juillet, 21 juillet ; — la liberté même pour les socialistes, qu'il protége, en 1843, 44, 47, contre les railleries, comme il les défend en 1848, 1849, 1850, 1851, contre les calomnies et les persécutions ; la liberté même pour Abd-el-Kader, dont il demande l'élargissement dès le 1er janvier 1848, pour y revenir le 3, le 5, le 6, le 7, le 8 janvier, le 5 février, le 27 du même mois, le 14 décembre, le 3 juin 1851 et le 6 juillet ; la liberté même pour la *Gazette de France*, la *Vraie République*, le *Lampion*, le *Père Duchêne*, après la suppression desquels il provoque chez Lemardelay, le 24 août 1848, une réunion de la presse entière.

Il n'est pas une liberté qu'il n'ait réclamée, pas un acte d'arbitraire qu'il n'ait dénoncé, pas une injustice qu'il n'ait stigmatisée, pas un opprimé qu'il n'ait défendu. Il a défendu M. Sarrans et M. Ch. Hugo, M. Victor Hugo et M. Meurice, M. Paradis et M. Nefftzer, M. Jourdan et M. Coq, M. Forcade et M. Veuillot, M. Delamarre et M. Lubis, M. Rabou et M. de Montalembert, M. Proudhon aussi bien que le prisonnier de Ham. S'il a protesté, en 1840 et 1841, en faveur de Lamennais et de Dupoty, contre MM. Guizot et Thiers, il ne proteste pas moins énergiquement en septembre 1852, en faveur de MM. de Salvandy et Guizot, incarcérés aux Madelonnettes. S'il a accueilli avec bienveillance M. de La Guéronnière venant frapper à sa porte, le 22 décembre 1848, il ne s'en souvient, en 1852, que pour faire appel à l'équité de M. de la Guéronnière tout-puissant en faveur de madame Pauline Roland, proscrite et mourante. Il ne fallut à M. de Girardin pas moins de *vingt* articles pour obtenir enfin la libération d'une pauvre femme qui, arrivée à Lyon, ne présentait plus qu'un cadavre aux embrassements de ses enfants.

V

L'AUTEUR DRAMATIQUE

ET LE ROMANCIER

V

L'AUTEUR DRAMATIQUE

ET LE ROMANCIER

« On y voit presque partout un malheureux qui cause avec lui-même, dont l'esprit erre de sujets en sujets, de souvenirs en souvenirs; qui n'a point l'intention de faire un livre, mais tient une espèce de journal régulier de ses excursions mentales, un registre de ses sentiments et de ses idées. Le *moi* se fait remarquer chez tous les auteurs qui, persécutés des hommes, ont passé leur vie loin d'eux. » Ces paroles de M. de Châteaubriand, qui servent de préface au premier livre de M. de Girardin, résument parfaitement le caractère et les tendances des œuvres purement littéraires, écrites par lui dans sa première jeunesse. Ce sont des impressions bien plus que des récits. On y sent déjà la préoccupation constante du futur publiciste : la poursuite de l'utile. La théorie de l'art pour l'art n'a rien à voir avec ces petits volumes, qui sont le trop-plein d'une âme ardente, d'une imagination exaltée. En décrivant la situation douloureuse qui tourmentait son imagination et désespérait son cœur, le jeune auteur n'a pas craint d'aborder une haute pensée de morale et de civilisation. Avec l'audace de l'inexpérience, il attaque de front la société dans ses vices d'organisation les plus invétérés, et il fait justice en passant de tous les préjugés qu'il rencontre sur son chemin. Il y a dans ces premiers jets de son esprit une incroyable maturité de fond et de forme. Sa muse est austère et chaste à un âge où la plume se livre d'ordinaire à tous les dévergondages de la débauche intellectuelle. A l'heure où Byron venait d'écrire *Manfred*, où Alfred de Musset allait publier *Rolla*, *Émile* est comme une oasis entre deux déserts. Dans une époque où le désordre s'identifiait avec le génie, cet écrivain de vingt ans ose faire de la vertu la première condition du bonheur :

« Il n'y a de bonheur que dans la vertu. Nos

mœurs, en essayant de contredire cette maxime, la confirment...

» La morale ne doit plus être qu'une démonstration mathématique, dans un siècle où tout se réduit au positif des intérêts ; ce ne sont plus des préceptes qu'il faut, ce sont des exemples. La morale a changé de nom, elle s'appelle maintenant statistique ; c'est de la comparaison seule des faits que la vérité doit désormais jaillir. Interrogeons la société ; nous verrons souvent la fortune s'élever sur les débris de l'honneur ; mais pénétrons dans les intérieurs, dans les consciences, et nous verrons si c'est en abjurant la délicatesse que l'on atteint le bonheur. Le bonheur et la prospérité sont deux expressions distinctes, aussi différentes que l'estime de la foule diffère de l'estime de soi-même : l'une s'égare souvent, l'autre ne se trompe jamais. On ne jouit de la première qu'avec inquiétude, on goûte l'autre sans mélange. Il est vrai, la prospérité devient rarement la récompense de la vertu ; mais jamais il n'exista de bonheur qu'il ne fût mérité. Ainsi que le fard, qui cache les rides sans les faire disparaître, quelques jouissances peuvent un instant dérober le trouble de la conscience, mais non point l'apaiser. »

Si *Émile* tient de *René* par certains côtés, il procède plus directement encore de Jean-Jacques Rousseau. Quelque originale et intéressante que soit une page de la vingtième année, elle subit toujours l'influence du milieu ambiant de l'esprit qui l'a conçue ; elle se compose surtout de réminiscences ; les souvenirs personnels, n'ayant pas eu le temps de se créer une langue propre, revêtent l'idiome du penseur favori. Or, Émile de Girardin avait vécu beaucoup avec l'auteur des *Confessions*.

La forme et la philosophie d'*Émile* doivent beaucoup à Jean-Jacques ; le récit, dans sa touchante simplicité, appartient complétement à l'auteur. C'est la partie la plus remarquable du volume ; il y a même une véritable habileté dans la gradation de certains détails. Je ne sache rien de plus émouvant, de plus dramatique, que le dernier chapitre. Il est impossible de lire cette conclusion sans une émotion profonde, et de ne pas s'écrier avec Jules Janin : « Ce petit livre n'est rien moins qu'un chef-d'œuvre ! »

Au Hasard, — fragments sans suite d'une histoire sans fin, — est un ouvrage moins parfait, moins attachant qu'*Émile*, moins connu surtout et tout à fait digne de l'être. La forme en est plus personnelle, plus indépendante de toute imitation, volontaire ou inconsciente. Les tirades y sont rares, l'esprit y abonde; l'allure en est libre, dégagée, rapide. C'est une sorte de recueil de maximes et de pensées, de réflexions et d'aphorismes. Le sentiment y apparaît bien un peu, mais d'une façon épisodique. M. de Girardin a trouvé enfin son style, sa phrase, ses qualités et ses défauts. Ces cent pages paraissent écrites d'hier. Qu'on en juge par quelques citations :

« ... J.-J. Rousseau, cet homme qui copiait si habilement de la musique, a écrit dix volumes pour parler du gouffre de misère où l'avait plongé la célébrité. Hé bien, moi, je la cherche... »

« ... Tout notre système social repose sur des préjugés; il suffirait d'un raisonnement ou d'une réflexion pour détruire cet édifice, que la civilisation se vante d'avoir créé... »

« ... Le génie, ainsi que la vanité, ne se mesure point à la taille. Un *petit* homme qui avait une *grande* imagination se dit un jour... »

« ... Le secret pour avoir une idée, c'est de la piller quelque part; le secret pour l'exprimer, c'est de réunir les deux mots les plus incohérents de la langue : cela fait contraste, cela produit de l'effet... »

« ... Je suis bossu. Je l'avoue sans périphrase ; cependant les hommes en général considèrent une bosse comme une difformité, attendu que le plus grand nombre n'en a pas... »

« ... La nuance est plus légère qu'on ne l'imagine entre un duel et un assassinat. De ces deux crimes la plus grande différence, c'est que l'un est *proscrit* par les lois et l'autre *prEscrit* par l'usage. Différence : une lettre, un *e* au lieu d'un *o*... »

Voici un délicieux fragment sur l'amour et l'amitié :

« L'amour est comme la fleur, il n'a qu'une saison ; l'amitié est comme la tige, elle résiste aux hivers. L'amour est comme le plaisir dont il faut jouir de suite ; l'amitié est comme le bien-être qu'il faut amasser. L'amour se fonde sur l'égoïsme et sur l'illusion ; l'amitié repose sur le désintéressement et sur la vérité.

» En amour, celui qui oblige, c'est celui qui donne ; en amitié, c'est celui qui reçoit.

» On joue à l'amour comme à Colin-Maillard ; le bandeau tombe dès qu'on sait qui l'on vient de prendre ; l'amitié n'a pas de bandeau. »

Tantôt il forme déjà des plans de réforme politique, et il intitule un chapitre : *Ébauche d'un grand système du monde social ;* tantôt il cherche à prouver contre Vauvenargues cette thèse paradoxale, que la vanité est la base fondamentale de toute société, le lien de tous les hommes entre eux. Ailleurs il fait l'énumération de ses désirs :

« ... J'aime beaucoup les illusions. J'aimerais aussi à posséder cent mille livres de rente ; mais je ne possède rien. Venu au monde je ne sais comment, élevé par je ne sais qui, je n'ai de vocation pour rien, ou j'ai de la vocation pour tout, selon qu'il plaira de l'entendre. Il n'est pas un succès que je n'envie, pas une jolie femme que je ne convoite ; les richesses me tentent, les honneurs encore plus. Je désire tout, depuis la santé du vigoureux portefaix qui défie le poids des plus lourds fardeaux, jusqu'au crédit du député qui a accaparé toutes les places, jusqu'à la conscience du fournisseur enrichi, jusqu'aux parchemins de l'émigré qui n'a rien autre chose à offrir à ses créanciers... »

Dès 1827 et 1828, dès ces premiers travaux, nous voyons M. de Girardin subordonner le moyen littéraire au but pratique, l'œuvre isolée au dessein général qu'il poursuit. Le roman n'est entre ses mains qu'un instrument, comme le deviendra plus tard le théâtre lui-même. Livre ou drame, comédie ou journal, concourent à la même fin philosophique et sociale. Il songe peu à intéresser, pas du tout à amuser, beaucoup à instruire. Il veut persuader et non toucher, convaincre bien plus qu'émouvoir ; ou plutôt c'est par la conviction qu'il prétend arriver à l'émotion ; c'est à la logique qu'il demande ses effets et ses situations. La logique lui semble appelée à prendre et à occuper dans le drame moderne la même place que la fatalité dans la tragédie antique. La scène n'est à ses yeux qu'un nouveau terrain de discussion et de raisonnement ; une comédie ne lui apparaît que comme le développement d'une thèse. Le drame est une chaire ou une tribune.

A cette objection, que le théâtre doit être l'action et non la réflexion, M. de Girardin répond fort justement : Pourquoi le théâtre serait-il étroitement exclusif? Pourquoi ne serait-il pas, ensemble ou séparément, l'action et la discussion ? Étant donnée une de ces situations de la vie réelle que le choc de la loi et des mœurs fait si souvent éclater comme la foudre, et qui deviennent alors de vrais drames ayant pour scène le foyer des familles, pourquoi, cette situation étant transportée au théâtre, le spectateur n'y serait-il pas transformé en un juge devant lequel seraient contradictoirement débattus le pour et le contre par des personnages, — par des abstractions vivantes, — si l'on veut, — représentant les idées, les préjugés, les intérêts, les passions en jeu? Croit-on que la scène finale du second acte des *Deux Sœurs*, où Valentine finit par vaincre le duc Armand de Beaulieu, moins encore par la passion que par la logique, moins encore par le déchirement de ses cris que par l'irrésistibilité de ses arguments, puisse être écoutée sans faire réfléchir profondément les hommes et les femmes qui l'auront entendue? Y a-t-il dans cette scène un seul mot qui soit une exagération, et qui ne frappe pas juste le point qu'il doit toucher? Les raisons que donne Armand de Beaulieu ne sont-elles pas les meilleures qu'il soit possible de donner? Si elles ne sont pas bonnes, leur faiblesse même ne devient-elle pas une preuve concourant au triomphe de la démonstration de l'auteur?

M. de Girardin a contre lui, je le reconnais volontiers, le goût du jour. Si nous n'aimons que les pièces qui ne nous émeuvent qu'à demi, ou qui ne nous font rire que du bout des lèvres; si nous ne voulons éprouver au théâtre que des sensations modérées de gaîté ou de tristesse; si le marivaudage est redevenu en faveur, comment pourrions-nous accepter le réel dans toute sa crudité, le vrai dans toute sa brutalité? Comment surtout ne repousserions-nous pas la leçon morale trop franchement présentée, le raisonnement trop peu dissimulé, le syllogisme trop complétement mis à nu? En revanche, M. de Girardin a pour lui la tradition tout entière, depuis les comiques et les tragiques grecs, depuis Aristophane, d'une part, et Euripide, de l'autre, dont les personnages raisonnent et discutent beaucoup plus que ceux du Vaudeville, jusqu'à Corneille et Shakspeare, jusqu'à Molière, jusqu'à Gœthe, jusqu'à M. Victor Hugo lui-même. Est-ce que le *Misanthrope*, par exemple, est autre chose, d'un bout à l'autre, qu'une longue discussion? Il n'est pas jusqu'aux valets à qui Molière ne prête des raisonnements fort rigoureux. Il y a chez lui jusqu'à des thèses de métaphysique, et il suffit de parcourir son théâtre pour reconnaître un élève de Gassendi. Est-ce que par hasard l'admirable scène entre Don Juan et le Pauvre constituerait ce que nos critiques contemporains appellent l'action?

« *Le Pauvre*..... Je ne manquerai pas de prier le ciel qu'il vous donne toutes sortes de biens.

» *Don Juan*. — Eh ! prie le ciel qu'il te donne un habit, sans te mettre en peine des affaires des autres. Quelle est ton occupation parmi ces arbres?

» *Le Pauvre*. — De prier le ciel tout le jour pour la prospérité des gens de bien qui me donnent quelque chose.

» *Don Juan*. — Il ne se peut donc pas que tu ne sois bien à ton aise.

» *Le Pauvre*. — Hélas, monsieur, je suis dans la plus grande nécessité du monde.

» *Don Juan*. — Tu te moques : un homme qui prie le ciel tout le jour ne peut manquer d'être bien dans ses affaires.

» *Le Pauvre*. — Je vous assure, monsieur, que le plus souvent, je n'ai pas un morceau de pain à mettre sous les dents.

» *Don Juan*. — Voilà qui est étrange, et tu es bien mal reconnu de tes soins. Ah! ah! ah! Je m'en vais te donner un louis d'or, pourvu que tu veuilles jurer.

» *Le Pauvre*. — Ah ! monsieur, voudriez-vous que je commisse un tel péché ?

» *Don Juan*. — Tu n'as qu'à voir si tu veux gagner un louis d'or ou non ; en voici un que je te donne si tu jures. — Tiens : il faut jurer.....

» *Le Pauvre.* — Monsieur.....

» *Don Juan.* — A moins de cela tu ne l'auras pas...

» *Sganarelle.* — Va, va, jure un peu ; il n'y a pas de mal.

» *Don Juan.* — Prends... le voilà ; prends, te dis-je. Mais jure donc !

» *Le Pauvre.* — Non, monsieur, j'aime mieux mourir de faim.

» *Don Juan.* — Va, va ; je te le donne pour l'amour de l'humanité. (*Regardant dans la forêt*)... Mais que vois-je là ? Un homme attaqué par trois autres ! La partie est trop inégale, et je ne dois pas souffrir cette lâcheté. »

(*Il met l'épée à la main et court au lieu du combat*[1].)

Voilà, si je ne me trompe, qui n'est ni de l'action ni de l'émotion, mais bien de la discussion et de la réflexion ; ou mieux, c'est le raisonnement lui-même qui provoque en nous une émotion profonde. Cette belle page et le drame entier trouve-

1. *Don Juan*, acte III, scène première.

raient-ils grâce aujourd'hui devant la critique ? Le théâtre de Molière ne lui semblerait-il pas sacrifier trop souvent l'action à la discussion ? N'en serait-il pas de même du théâtre de Shakspeare ? Du théâtre de Corneille ? Du théâtre de Gœthe ? Est-ce que le poëte de Weimar n'a pas fait de *Faust* un réquisitoire contre la séduction, comme M. de Girardin a fait de sa trilogie : *Le Supplice d'une Femme*, *Les deux Sœurs*, *Les trois Amants*, un plaidoyer en trois points contre l'adultère ?

Que l'on critique, si l'on veut, l'exécution ; mais la conception est irréprochable ; notre contemporain n'a fait qu'imiter d'illustres exemples. Est-ce que la trilogie de Beaumarchais — *Le Barbier de Séville*, *Le Mariage de Figaro*, *La Mère coupable* — n'est pas aussi le développement d'une thèse de philosophie morale ? Est-ce que *Le Philosophe sans le savoir*, de Sedaine, ne se compose pas surtout de raisonnement ? Est-ce que la logique n'y joue pas un aussi grand rôle que l'action ?

Un autre tort de M. de Girardin, le plus grand peut-être, c'est d'avoir voulu réhabiliter le mari trompé. Sur ce point encore sa tentative a des précédents. Je n'en citerai qu'un : le personnage de Caussade, de *Nos intimes*. Il y a de faux points d'honneur dangereux à combattre qu'il serait glorieux de vaincre! dit l'auteur des *Deux Sœurs*, dans sa préface. Il y a d'impudentes hypocrisies de langage dont il serait temps de faire tomber le masque! Il y a de mortels lieux-communs qu'il faudrait bannir à perpétuité, car ils font plus de mal à la société que les plus dangereux malfaiteurs! Il y a, enfin, d'éternelles plaisanteries aux dépens des maris qualifiés par Molière, qui devraient être usées depuis le temps qu'elles font rire! C'est pour cela que l'auteur du *Supplice d'une Femme* eût voulu voir sur la scène française, où l'on a montré, où l'on montre encore tant de maris ridicules et bafoués, un mari austère et miséricordieux, s'ennoblissant par un pardon noblement accordé à une femme l'ayant douloureusement mérité par le plus sincère repentir, **la plus longue** expiation et le plus cruel supplice.

L'auteur a voulu traiter, sous toutes ses faces, la grande *question du mariage*. Après avoir consacré au pardon le premier rang dans cette série d'études dramatiques, il a, dans son second essai, les *Deux Sœurs*, examiné la solution qui consiste à réparer l'adultère par un duel, et prouvé l'impossibilité morale d'une rencontre à outrance entre l'amant et le mari outragé. Je ne puis résister au désir de citer la belle scène où Robert de Puybrun provoque Armand de Beaulieu, lui crache au visage :

« *Le duc de Beaulieu*. — On m'a prévenu que vous me cherchiez, monsieur... Me voici.

» *Robert*. — Vous me devancez... C'est de l'impudence.

» *Le duc*. — Je vous ai donné le droit de vous servir, en me parlant, de tous les mots qu'il vous plaira d'employer, sans qu'un seul m'offense... Aucune injure venant de vous ne me blessera donc.

» *Robert*. — Cette déclaration est un outrage de plus dont vous me rendrez raison.

» *Le duc*. — Vos armes ?

» *Robert*. — Les pistolets... à cinq pas.

» *Le duc*. — A cette distance vous ne trouverez pas de témoins.

» *Robert*. — Eh bien, nous nous en passerons.

» *Le duc*. — Soit !

» *Robert*. — Tout de suite...

» *Le duc*. — Vous avez apporté vos armes ?

» *Robert*. — Oui... des pistolets de tir que j'ai pris ce matin chez Devisme..., mais qui n'ont jamais servi, je vous l'affirme.

» *Le duc.* — Cette affirmation est superflue.

» *Robert.* — Pourquoi ?

» *Le duc.* — Parce que, si vous me manquez la première fois, vous pourrez recommencer sans péril jusqu'à ce que vous soyez plus heureux.

» *Robert.* — Autant me dire que vous ne voulez pas vous battre.

» *Le duc.* — L'honneur vous permet de me tuer, mais il ne permet pas que je vous tue... Et cela, vous le savez aussi bien que moi.

Robert. — Mais si vous ne vous défendez pas, vous rendez tout duel impossible.

» *Le duc.* — C'est chose qui vous regarde.

» *Robert.* — Ce ne serait plus un duel, ce serait un assassinat.

» *Le duc.* — **La loi l'admet.**

» *Robert.* — **Dans le** cas de flagrant délit.

» *Le duc.* — **Qu'à** cela ne tienne ! Supposez-le, et que la crainte **d'un** procès ne vous arrête pas. On trouvera sur moi une déclaration vous mettant à l'abri de toute poursuite.

» *Robert.* — Je n'accepte pas cette générosité qui serait une nouvelle insulte... J'exige que vous vous défendiez...

» *Le duc*. — Vous ne pouvez point exiger de moi ce qu'à ma place vous ne feriez pas...

» *Robert*. — Finissons-en ! Si vous y consentez, un seul des pistolets sera chargé.

» *Le duc*. — Comme ce pourrait être celui que le hasard mettrait entre mes mains... Je refuse.

» *Robert*, exaspéré. — Lâche ! qui ne veux pas risquer ta vie contre la mienne... Je te forcerai bien d'ôter ton masque de fausse magnanimité. (*Il fait le geste de lui cracher à la face.*)

» *Le duc*. — Voici l'autre joue ! Ne l'épargnez pas... Il est juste que l'outrage s'efface par l'outrage...

» *Robert*. — Je dirai à tous vos amis que je vous ai craché au visage...

» *Le duc*. — Et moi à tous les vôtres que je ne vous l'ai pas rendu [1]. »

Je trouve cela tout simplement sublime. Jamais on n'est arrivé, au théâtre, à une telle hauteur de réalité idéalisée. Cette scène et la scène dernière du deuxième acte, où Valentine décide enfin le duc de Beaulieu à fuir avec elle, égalent les plus belles situations de nos meilleurs drames contemporains.

1. *Les deux sœurs*, acte III, scène IX.

La troisième partie de la trilogie, le drame inédit intitulé : *Les Trois Amants*, a pour sujet la troisième solution du problème de l'adultère : l'article 324 du Code pénal, qui permet au mari outragé de tuer la femme et le complice pris en flagrant délit. Cette pièce n'ayant pas été représentée encore, je ne puis que la mentionner ici. J'indiquerai en même temps deux proverbes, chacun en un acte, que M de Girardin a en portefeuille. Le premier, intitulé : UN MARIAGE D'HONNEUR (*Qui paye ses dettes s'enrichit*); le second : LA BELLE ET LA LAIDE (*A beau mentir qui vient de loin*).

Le fond de toutes les idées de M. de Girardin sur le mariage, c'est cette conviction profonde que la femme, différente de l'homme, est son égale. Il ne peut pas admettre l'inégalité que consacrent notamment les articles 324, 337 et 339 du Code pénal. Il veut que le mariage redevienne ce qu'il devait demeurer, un acte exclusivement religieux.

M. de Girardin ne considérant *les Deux Sœurs* — la seule œuvre dramatique qui permette de le juger — que comme un essai, et avouant son inexpérience, il est inutile de relever les côtés faibles de son drame, les défauts qu'il eût été facile d'éviter, les longueurs de certaines scènes, l'habitude de vouloir trop prouver, l'abus de l'idéalisation, qui lui fait ne mettre en scène que des personnages vertueux — dérogation fâcheuse à la loi des contrastes. — Il n'y a pas assez d'impersonnalité dans le style et par conséquent pas assez de vérité; il fait souvent parler à ses héros la langue du rédacteur de *la Presse*. C'est ainsi que le duc de Beaulieu, apprenant de la bouche de Valentine l'arrivée du mari, s'écrie: « C'était un *risque prévu*. Mais puisque nous n'avons pas réussi à l'écarter, il ne faut plus songer qu'à *l'atténuer*. » Les conseils donnés par Cécile à son beau-frère n'ont jamais pu sortir, en de pareils termes, de la bouche d'une jeune femme. Valentine, elle-même, dans son émouvante scène avec son amant, me semble faire trop visiblement de la polémique.

Avec tous ses défauts, que je ne veux pas plus exagérer que je ne devais les passer sous silence, l'œuvre de M. Émile de Girardin exercera une incontestable influence sur des comédies de mœurs et de caractère que nous serons appelés à applaudir. « Celles-là sauront mettre l'habileté puisée dans l'expérience au service de la vérité puisée dans l'observation. »

VI

LE PENSEUR

VI

LE PENSEUR

La révolution dont M. Émile de Girardin s'est fait le promoteur dans la politique spéculative, est infiniment plus scientifique qu'on ne serait tenté de le croire ; sa méthode est beaucoup plus rigoureuse qu'il ne peut se l'imaginer lui-même. Fort étranger aux sciences physiques et naturelles, n'ayant jamais ouvert peut-être un livre de chimie ou de physiologie, il se trouve qu'il a tracé — sans le savoir — un sillon exactement parallèle aux sillons creusés par Lavoisier, Bichat, Gœthe, Geoffroy-Saint-Hilaire ; et que sa tentative offre une analogie parfaite avec les magnifiques travaux qui, à la fin du dernier siècle et au commencement du nôtre, ont renouvelé la face de la science. Dans ses principales conceptions je retrouve l'idée de l'*unité de composition organique* et l'idée de l'*arrêt de développement* appliquées à la vie sociale ; sa manière d'envisager les crimes et les délits, sa théorie judiciaire est une théorie purement *tératologique*. Il y a de l'*histologie* dans sa politique. Sa tendance constante à ramener tous les faits à un fait typique, à saisir et à mettre en lumière les identités des choses, à rechercher, non les différences, mais les ressemblances des phénomènes, cette tendance est précisément celle de la philosophie scientifique contemporaine. Sa doctrine de l'*impôt-assurance*, qu'est-ce autre chose que la *respiration-combustion* de Lavoisier ? Il n'est pas jusqu'à sa phraséologie qui ne présente les mêmes réminiscences naturalistes. Les mêmes pensées appellent la même langue. M. de Girardin sera, à coup sûr, fort étonné, si je lui apprends que l'une de ses antithèses favorites, que la formule capitale, basique, de son système, l'*indivis* opposé à l'*individuel*, se trouve en toutes lettres dans le *Mémoire* de Gœthe *sur les métamorphoses des plantes*, et dans l'*Anatomie philosophique* d'Étienne Geoffroy-Saint-Hilaire.

« *Simplifier* est notre devise », écrivait-il dès 1847, et ce mot revient à chaque instant sous sa plume. M. Claude Bernard, dans ses belles *Leçons de physiologie générale*, publiées en 1865, disait également : « ... On tend aujourd'hui à tout *simplifier* dans les sciences, à ramener les agents les uns aux autres, et à *saisir l'unité réelle, quoique cachée, des phénomènes* les plus divers en apparence. C'est ainsi qu'on a cru pouvoir *assimiler la chaleur et le mouvement, ces deux choses se transformant l'une dans l'autre, le mouvement produisant de la chaleur, et la chaleur du mouvement...* »

S'il se rencontre, comme on le voit par ces dernières lignes, jusque dans le style, avec l'illustre physiologiste du Collège de France et de la Sorbonne, il n'est pas moins d'accord avec le jeune et éminent créateur de la chimie synthétique, M. Marcellin Berthelot.

M. de Girardin se demandait dans la préface de la *Politique universelle* (1852) : « La politique peut-elle devenir une science exacte, ayant des principes certains, absolus, incontestables, incontestés, invariables, qui tendent à devenir les mêmes en tous pays et en tous temps ? Je le crois... » Auguste Comte avait déjà posé et résolu affirmativement cette question. Voici comment l'envisage M. Berthelot, dans un article de la *Revue des Deux-Mondes*, intitulé : la *Science idéale et la Science positive* (15 novembre 1863) :

« ... C'est l'*observation* des phénomènes du monde moral, révélés, soit par la psychologie, soit par l'histoire et l'économie politique ; c'est l'*étude de leurs relations, généralisées et incessamment vérifiées*, qui servent de fondement à la *connaissance scientifique de la nature humaine*. LA MÉTHODE QUI RÉSOUT chaque jour LES PROBLÈMES DU MONDE MATÉRIEL ET INDUSTRIEL EST LA SEULE QUI PUISSE RÉSOUDRE ET QUI RÉSOUDRA TÔT OU TARD LES PROBLÈMES FONDAMENTAUX RELATIFS A L'ORGANISATION DES SOCIÉTÉS. »

« ... Tout vérifier sans prévention, ne rien condamner sans examen ; observer, expérimenter, » telle est la méthode indiquée par M. de Girardin ; telle est aussi celle qu'ont suivie constamment les deux savants que je viens de citer, et que personne ne songerait guère à accuser d'utopie et de paradoxe. Pourquoi donc une méthode reconnue excellente en chimie et en biologie, et qui a produit d'admirables découvertes, serait-elle moins rigoureuse et moins féconde en sociologie ? Pourquoi n'y aurait-il pas une synthèse sociale aussi bien qu'une synthèse chimique ? Pourquoi la politique expérimentale serait-elle moins rationnelle que la physiologie expérimentale ? Pourquoi ce qui excite, ici, notre admiration, ne provoque-t-il, là, que le sourire ? Pourquoi cet enthousiasme d'un côté et cette incrédulité de l'autre ?

Peut-être faut-il chercher l'explication de cette inconséquence dans cette parole de Herder : « Nous n'avons aucune idée d'une chose qui dépasse la sphère de nos perceptions. L'histoire du roi de Siam qui niait l'existence de la neige et de la glace est, dans mille circonstances, notre propre histoire. C'est ainsi que les idées de toutes les nations sauvages se bornent à la région où elles vivent... ? » Que de nations civilisées ou prétendues telles me semblent sauvages en ce point ! Si les sciences physiques et naturelles ont acquis aujourd'hui toute notre confiance, toute notre faveur, le jour n'est pas bien éloigné où elles ne nous inspiraient encore que le dédain. Le temps viendra où la science des hommes ne sera pas plus contestée que ne l'est aujourd'hui la science des animaux ou des plantes. De même qu'on a créé récemment au Muséum un cours de physique végétale, à la Sorbonne un cours de physiologie expérimentale, on verra se fonder bientôt au Collége de France des chaires de *physique sociale* et de *politique comparée*. De combien de merveilles plus étonnantes notre siècle n'a-t-il pas été témoin! L'ignorance seule pourrait s'étonner de quelque chose dans une époque qui a vu: la régénération des os par le périoste, la greffe animale, la rhinoplastie... Hier encore tous les savants localisaient dans les poumons le siège exclusif de la combustion respiratoire. N'est-il pas établi aujourd'hui par des expériences décisives que la respiration s'accomplit exclusivement dans les muscles? C'est aussi une sorte de décentralisation respiratoire que veut accomplir M. de Girardin, au détriment des poumons, au profit de tous les muscles du corps social. La science tend à s'unifier de plus en plus, à réunir en un seul faisceau toutes les études intellectuelles, à faire partir d'un même tronc toutes les branches des connaissances humaines. De même que les phénomènes biologiques ne sont en réalité que des phénomènes physico-chimiques, l'heure approche sans doute où l'on devra y ramener aussi les phénomènes sociaux. La vie d'une nation n'est qu'une longue série de *réactions*, de *combinaisons*, de *décompositions*, de *solutions*, de *précipités*; un peuple n'est autre chose qu'une gigantesque *éprouvette*. Un gouvernement ne doit avoir désormais d'autre fonction que celle qui, dans l'organisme, est attribuée au *cervelet*. Comme le cervelet, il ne doit être que l'organe de la coordination des mouvements. La politique n'est, à vrai dire, qu'une question de phosphate de chaux.

Chacun des objets principaux de nos connaissances traverse, dans son développement, trois grandes phases. Dans la première, la science ne se compose que de faits, accumulés sans ordre, sans contrôle : c'est la période empirique. La seconde est une époque d'examen et de classification. Les matériaux réunis au hasard sont discutés, vérifiés, comparés, choisis et mis en ordre : c'est la période critique. Après avoir amassé des faits et les avoir classés, il reste encore à la science à saisir leur enchaînement, à chercher les rapports qui les unissent, à remonter des effets aux causes, des phénomènes à la loi qui les régit : c'est la période philosophique. Les faits, la méthode, la loi; observation, classification, généralisation : tels sont les trois âges de la science.

Cette division, que j'emprunte à l'illustre physicien Ampère, qui l'avait empruntée lui-même à Auguste Comte, je la retrouve chez M. de Girardin. Il reconnaît aussi trois âges dans la politique. 1° L'âge de la force et du fer : *les peuples se battent;* 2° l'âge de la liberté et de l'or : *les peuples se comptent;* 3° l'âge de la science et du crédit : les peuples, réduits à l'impuissance de contester la vérité démontrée, *cessent de se battre et de se compter*, pour *travailler* et pour *penser*. Les deux premières périodes, la période despotique et la période parlementaire, appartiennent au passé; la troisième, la période scientifique, appartient à l'avenir.

M. de Girardin croit donc fermement à la science politique; c'est cette conviction qui a donné naissance à tous ses écrits, et surtout à la *Politique universelle*, livre d'un *simple laboureur de la pensée*. Il ne cherche pas le nouveau, mais l'idée juste. « L'homme n'invente pas, dit-il, il observe. J'observe, j'aperçois un principe fécond et j'essaie d'en tirer toutes les conséquences utiles, d'en étendre toutes les applications fructueuses. Ce principe auquel je ramène et subordonne tout, c'est la liberté. »

Ce n'est pas du premier coup, ce n'est qu'après de longs tâtonnements et de laborieuses hésitations, que M. de Girardin est arrivé à cette conception philosophique. En 1846, il reprochait à l'*opposition impatiente d'aspirer après la liberté absolue* (18 août). En février de la même année, dans son intéressante polémique avec M. Blanqui sur la liberté du commerce, il répondait à son adversaire affirmant qu'*avant dix ans la France serait débarrassée de son vieux système de protection :* « ... En fait, je ne saurais, à mon grand regret, partager votre espérance. A ces dix ans, ajoutez-en quarante, et peut-être ne sera-ce pas encore assez. Votre drapeau est celui de la *liberté absolue;* le mien est celui de la *liberté progressive.* »

M. de Girardin avait tort; M. Blanqui avait raison. Il s'était trompé tout au plus de quatre années. C'est, non pas dix ans, mais *quatorze ans* après 1846 — le 23 janvier 1860 — que *la France* a été *débarrassée de son vieux système de protection*. Le rédacteur en chef de *la Presse* n'avait pas attendu ce jour-là pour quitter le camp de la liberté progressive et se faire le porte-drapeau de la liberté absolue. Puissent ses prédictions ne pas se réaliser moins ponctuellement que la prophétie libre-échangiste de M. Blanqui !

S'il n'est pas tout à fait, dans la vigne réformatrice, un ouvrier de la première heure, on doit reconnaître, du moins, que longtemps avant de se mettre au travail, il avait encouragé de ses sympathies et de son argent les ouvriers partis avant lui. A une époque où les socialistes ne rencontraient partout que moqueries et que dédains, il était devenu l'un des actionnaires du journal la *Démocratie pacifique;* et non content de lui donner des fonds, il le défendait ainsi dans *la Presse* (11 novembre 1843) :

« La raillerie est le principal travers du caractère français, et le plus incorrigible ; le Français commence par douter et se moquer de tout. Ce malheureux travers, qui nous porte à tourner en ridicule tout ce qui n'est pas encore entré dans nos habitudes, tout ce qui n'est pas encore devenu banal, ce malheureux travers est ce qui explique l'infériorité industrielle, commerciale et politique, de la France relativement à l'Angleterre... »

. . . .

» Nous nous plaisons à reconnaître et à honorer dans les écrivains de cette feuille les efforts sincères qu'ils font pour améliorer le sort des classes vouées à la misère... »

En 1847, il engage contre la *Gazette de France* et l'*Union* une remarquable discussion sur l'importance relative des *questions politiques* et des *questions sociales*, et il place ces dernières bien au-dessus des autres. « ... Les questions sociales, écrivait-il, sont celles dont la solution doit surtout préoccuper les hommes d'État. Il est temps d'opposer au *paupérisme* un autre remède que... *l'optimisme*... » Il avait donc le droit, après le 24 février, de répondre à ceux qui l'appelaient « républicain de la veille : » « *Je suis un socialiste de l'avant-veille.* » Il avait le droit de dire, vers le même temps : « *la* Presse a hautement défendu Robert Peel, alors qu'il était grossièrement insulté par les journaux tories en Angleterre, et bassement attaqué par les journaux ministériels en France. »

M. de Girardin doit beaucoup à 1848. C'est la Révolution de Février qui l'a révélé à lui-même, qui a ouvert à son esprit de nouveaux horizons et des perspectives inconnues. C'est Turgot, lu avidement et profondément médité, pendant son séjour à la prison de la Conciergerie, qui a été son initiateur, son précurseur immédiat. Il est parti du point où était arrivé Turgot, son maître, qu'il continue et qu'il complète.

Il ne recherche ni l'originalité, ni la virginité d'une idée. Dès qu'une conception lui paraît bonne, mûre, il ne se fait aucun scrupule de se l'assimiler. Comme Molière, il prend son bien où il le trouve. Qu'importe ? La paternité des idées n'est-elle pas de toutes les paternités la plus douteuse, par conséquent celle qu'il est le moins permis de revendiquer ? Qui a engendré une idée ? on ne le sait jamais bien ; et d'ailleurs, le vrai père n'est pas celui qui engendre, c'est celui qui nourrit, qui élève, qui fait grandir et croître le rejeton engendré. Qui a le premier conçu la réforme postale ? Ce n'est pas M. Rowland-Hill par qui elle a été réalisée en Angleterre en 1840, puisque dès 1832 elle avait été proposée par M. de Girardin à M. Conte, directeur général des postes. Qui a découvert la force élastique de la vapeur ? Est-ce Héron d'Alexandrie, cent vingt ans avant notre ère? Blasco de Garay en 1543? Mathésius en 1563? Rivault en 1605? Salomon de Caus en 1615? Branca en 1629? Worcester en 1633? Papin en 1690? Watt (1736-1819) ?... Qu'importe ?

Il ne faut pas demander à l'idée d'où elle vient, s'inquiéter de sa généalogie, exiger d'elle un passeport. On ne doit lui demander que deux choses : l'utilité et — pardonnez-moi ce néologisme — la *réalisabilité*. Une idée irréalisable n'est plus une idée, c'est une chimère. Nous examinerons et nous discuterons plus loin, sous ce rapport, les conceptions de M. de Girardin ; je me borne, quant à présent, à rappeler le témoignage que lui rendait un jour M. Guizot, en disant de lui « qu'il voulait trop de possible dans l'impossible. »

Le seul reproche que je veuille lui adresser sans retard, c'est de tracer une ligne de démarcation trop tranchée entre le passé et l'avenir, d'avoir trop de confiance en celui-ci et trop de mépris pour celui-là, de faire trop bon marché de l'histoire. « ... Le caractère du passé et celui de l'avenir, a dit M. Littré, n'ont *rien de différent ni de contradictoire;* une même force produit un enchaînement d'évolutions, et celui-là seul qui sait la retrouver partout est arrivé à la conception philosophique. »

VII

LES IDÉES

I

IDÉES GÉNÉRALES

VII

LES IDÉES

I

IDÉES GÉNÉRALES

Si M. de Girardin emprunte à Bacon sa méthode d'observation et d'expérimentation, il demande à Descartes son procédé d'élimination générale : il fait, comme lui, table rase.

Il suppose, il veut supposer : que Dieu n'existe pas; que le monde existe par lui-même et par lui seul; que l'homme ne revit charnellement que dans l'enfant qu'il procrée, qu'il ne survit intellectuellement que dans l'idée ou l'action par laquelle il s'immortalise; que moralement, le bien et le mal n'existent pas substantiellement, mais nominalement, relativement, arbitrairement ; qu'il n'existe effectivement que des risques contre lesquels l'homme, obéissant à la loi de conservation, cherche à se prémunir ; qu'il a puisé dans cet instinct la pensée de s'associer à ses semblables pour former d'abord la commune, puis la nation ; qu'il n'y a rien dans les sociétés qui ne soit contingent, conventionnel.

Je voudrais en finir une bonne fois, dit-il, avec tous ces mots tels que : *droit, justice, raison, vertu*, dont le sens varie et se contredit selon les temps et les pays, n'est pas le même en deçà et au delà des Pyrénées. La raison d'un siècle n'est pas la raison d'un autre ; on ne saurait citer un seul point sur lequel tous les peuples et tous les temps aient été d'accord. M. de Girardin s'appuie ici de l'autorité de Pascal et de Montaigne. Je vais y ajouter le témoignage d'un écrivain qui ne sera pas suspect de scepticisme ; je cite textuellement :

«.... Ce qui est juste dans un pays est injuste dans un autre ; de même que ce qui est vertu parmi certaines nations, est un vice chez d'autres. Chez les Perses, les pères épousent leurs filles, et chez les Grecs c'est un crime abominable. Les Massagètes ne reconnaissent point l'unité dans le mariage : les autres nations repoussent une telle opinion. Voler est un mérite chez les Ciliciens, et chez les Grecs on punit le vol — excepté chez les Spartiates, qui l'encouragent. — Les Égyptiens enterrent leurs morts, les Indiens les brûlent. *La gorge d'un pigeon paraît de différentes couleurs*, selon les différents côtés dont on le regarde. La Grèce, qui est orientale à l'égard de l'Italie, est occidentale à l'égard de la Perse... » (FÉNÉLON [1].)

Si M. de Girardin, à l'exemple de l'archevêque de Cambrai, voit dans la morale quelque chose comme la gorge multicolore d'un pigeon; s'il nie qu'abstraitement le bien et le mal existent à d'autres titres que la beauté et la laideur — qui elles-mêmes sont purement imaginaires, — que la santé et la maladie; s'il pense avec Hobbes que « chaque homme appelle bon ce qui lui plaît et mauvais ce qui lui déplaît; » s'il s'éloigne de Vico et de Lamennais plaçant le criterium du vrai dans le sentiment commun, il ne conclut pourtant pas, avec Montaigne et Charron, de la lutte des idées à

1. *Histoire des philosophes de l'antiquité*, écrite pour l'éducation du duc de Bourgogne.

l'impossibilité d'atteindre la vérité. Il croit « à la vérité, mais à la vérité relative, à la vérité successive, vérifiée par la liberté. »

Il nie qu'il existe des lois universelles, éternelles, régissant les *sociétés;* il admet parfaitement, au contraire, l'existence de lois universelles, éternelles, immuables, régissant l'*humanité*. L'humanité, comme la terre, se meut dans une orbite déterminée à l'avance. L'humanité, c'est l'ordre éternel, universel, immuable; la société, c'est l'ordre successif, partiel, mobile. Les sociétés ne sont que des accidents; elles n'ont jamais été que des déviations de l'humanité. Ce qui le prouve, c'est que tout progrès accompli par la civilisation est un retour vers l'humanité par le chemin de l'unité. La société, c'est la loipositive; l'humanité, c'est la loi naturelle; or, toute loi positive qui contredit une loi naturelle, ne réussit jamais qu'à attester l'impuissance de celle-là devant celle-ci. C'est une loi positive qui a morcelé l'univers en nationalités ombrageuses procédant de la force et de la conquête; la civilisation tend à faire prévaloir la loi naturelle, en absorbant dans l'humanité toutes les nationalités. C'est vers ce but que nous marchons et que nous conduisent à grands pas la vapeur, l'électricité, le commerce, l'échange ; nous allons de ce qui est à ce qui sera, des lois émanant de la volonté d'un homme ou des votes d'une majorité aux lois dérivant de la nature des choses.

De même qu'il oppose à la société l'humanité, il substitue le *fait* au *droit*. Le droit est la raison de l'homme créant la société à son image ; le fait est la raison de l'humanité divinisée. Vico s'était demandé si le droit est dans la nature ou seulement dans l'opinion. M. de Girardin se range à cette dernière alternative ; il pense avec Tacite que « la mesure du droit c'est l'utilité ; qu'il varie selon les temps et les lieux ; » il le fait consister tout entier et uniquement dans le raisonnement. Raisonner, c'est le droit, tout le droit, rien que le droit. Là où les hommes qui raisonnent sont en majorité, les hommes ne se mangent plus, ne se battent plus, ne se tuent plus. Là où l'on se tue, où l'on se bat, c'est que la civilisation n'a encore dissipé qu'imparfaitement la barbarie. Descartes trouve dans sa faculté de penser la preuve de son existence, et c'est là le point de départ de toute sa métaphysique ; l'homme n'a donc pas la liberté de ne pas penser ; le raisonnement est son essence propre : c'est là le droit.

Je crains bien que M. de Girardin ne remplace ici une chimère par une chimère, et qu'il n'attribue à la simple faculté de raisonner une universalité qui n'existe pas et une importance exagérée. Il l'avoue lui-même dans un autre endroit en déclarant que les 36 millions de Français ne représentent, au fond, que 36,000 *âmes*. Je vais lui opposer deux autorités précieuses. Voici ce que dit du raisonnement M. Berthelot, dans l'article de la *Revue des Deux-Mondes* que j'ai cité plus haut : « *Aucune réalité ne peut être atteinte par le raisonnement. Dans le monde moral aussi bien que dans le monde physique, toutes les constructions de systèmes absolus ont échoué.* » Un écrivain célèbre de l'Angleterre contemporaine, M. Thomas Carlyle, a dit, lui aussi :

« Il y a une énorme différence entre la guerre moderne, *linguale* ou parlementaire, ayant pour arme la logique, et la guerre ancienne ou *matérielle*, réglée par l'acier. Dans le conflit manuel, quand vous faites face à l'ennemi, le sabre en main, un coup bien donné est définitif; quelle différence quand on ne combat qu'avec des arguments! Ici, aucune victoire ne peut être considérée comme décisive. »

M. de Girardin n'est-il pas, ailleurs, un peu de l'avis de Carlyle, lorsque, s'étayant d'une parole de M. Guizot : « le droit n'est rien là où n'est plus la force pour le faire valoir, » il croit pouvoir identifier le droit avec la force :

« .... La certitude que j'ai acquise, c'est qu'il n'y a qu'un seul droit au monde : *le droit du plus fort...*

» .... La force, c'est le droit ; il n'y a pas d'autre droit que la force ; car ce droit est le seul qui porte en lui-même sa garantie nécessaire et sa sanction efficace... »

Je serais bien tenté de partager cette manière de voir, surtout quand je me rappelle ce mot de l'empereur Alexandre à M. de Talleyrand en 1814 : « Entre puissances, les *droits sont les convenances de chacune.* Je n'en admets pas d'autre. J'ai deux cent mille hommes en Pologne : qu'on vienne m'en chasser[1]; » et que je vois M. Charles de Rémusat écrire, il y a quelques années : «... La plus noble des *erreurs :* la foi dans la toute-puissance du bon droit[2]. » Et pourtant, si je suis à peu près d'accord sur le fond avec M. de Girardin,

1. Thiers, *Histoire du Consulat et de l'Empire,* t. XVIII, p. 454.
2. *Journal des Débats* du 17 août 1860.

je n'accepte que sous bénéfice d'inventaire la forme dont il a revêtu son idée, et je repousse l'identification absolue qu'il prétend établir entre deux choses parfaitement distinctes. Qu'on me permette de reproduire à ce sujet quelques pages d'un livre publié en 1864 :

« ... La Force est un fait; le Droit, un autre fait. Celui-ci, s'il est trop souvent, presque toujours même, soumis à l'influence de celui-là, a plus d'une fois par une réaction puissante, prouvé son existence. La Force et le Droit sont l'un à l'autre ce qu'est à l'électricité positive l'électricité négative, ce qu'est, en embryogénie l'élément mâle à l'élément femelle ; ce que l'étamine est au pistil ; ce que le pollen est à l'ovaire ; ce que, dans une ruche, le faux bourdon est à la reine ; ce que l'homme est à la femme. Le Droit est un œuf qui a besoin d'être fécondé par la Force; qui ne peut rien, qui ne produit rien sans elle. Mais la force sans le droit est tout aussi impuissante à créer quelque chose ; et la force sent si bien son incapacité génératrice, qu'elle ne manque jamais d'obliger le droit à subir ses caresses : si le droit résiste, elle lui fait violence. Qu'après ces étranges amours, le droit soit sacrifié par son altière maîtresse ; que la force tue ses amants comme Marguerite de Bourgogne précipitait les siens du haut de la tour de Nesle, comme la reine abeille fait de son alvéole le tombeau de tous les mâles de la ruche, c'est ce qui est incontestable.

» Non, quoi qu'en dise M. de Girardin, *la force* ne *porte* pas *en elle-même sa garantie nécessaire et sa sanction efficace.* S'il en était ainsi, elle n'éprouverait pas le besoin d'invoquer le patronage du droit, de lui demander une autre garantie, une autre sanction. S'il en était ainsi, le *loup*, au lieu de manger *l'agneau* purement et simplement, ne se croirait point obligé de chercher un prétexte; de l'accuser de *troubler son breuvage*, de lui faire un procès en diffamation :

> Car je sais que de moi tu médis l'an passé;

de lui reprocher les faits et gestes de ses parents. Si *la raison du plus fort est toujours la meilleure,* cela prouve au moins qu'elle n'est pas la seule, et qu'il y a aussi une raison du plus faible. Si la force avait en elle-même sa garantie et sa sanction, pourquoi les conquérants et les despotes se soucieraient-ils d'assurer à leurs conquêtes la garantie des traités, à leurs décrets la sanction de l'opinion publique? Pourquoi la dissimulation et l'hypocrisie? Pourquoi des déclarations de guerre, des manifestes, des dénonciations d'hostilités? Pourquoi des hérauts, des féciaux? Pourquoi les peuples les plus sauvages connaissent-ils un autre droit que le droit de la force? Pourquoi les anthropophages eux-mêmes préludent-ils par de certaines formalités diplomatiques aux combats qui doivent se terminer par des festins de chair humaine? Pourquoi les Indiens Comanches envoient-ils aux Indiens Apaches des ministres plénipotentiaires? Pourquoi le *Grand-Bison*, avant de scalper la chevelure de l'*Ours Gris*, croit-il devoir entamer avec lui des négociations? Pourquoi Attila respectait-il le caractère sacré de l'ambassadeur Vigile, qu'il aurait pu légitimement faire étouffer, à la mode scythique, comme un transfuge et un traître? Pourquoi le plus cruel tyran, pourquoi le plus brutal envahisseur, veut-il avoir pour lui le droit comme il a la force? Pourquoi n'y a-t-il jamais eu aucune guerre sans prétextes, aucune loi sans exposé des motifs, aucun arrêt sans considérants?

» Pourquoi Louis XIV, n'ayant, en 1688, aucune raison à alléguer pour attaquer l'Allemagne, publiait-il, le 25 septembre, un curieux manifeste où il dit que « *comme on ne pouvait douter que l'Empire* NE NOURRÎT LE DESSEIN *d'attaquer la France, la prudence exigeait que la France prît les devants ?* » Pourquoi enfin, ce proverbe populaire : « Quand on veut tuer son chien, on prétend qu'il est enragé, » fait-il intervenir un certain droit jusque dans les relations de l'homme avec le chien ?

» Il est si difficile, dans l'étude des choses humaines, de supprimer l'élément appelé : *Droit*, que dans le livre même où il l'efface comme une superfétation, et juste à la même page, M. de Girardin le rétablit sous un autre nom. A peine a-t-il opéré cette fusion de la force et du Droit, qu'il procède lui-même à une nouvelle séparation de ces deux principes ; l'unité n'est pas plutôt accomplie qu'il ne peut s'empêcher de revenir à la dualité. Sous le prétexte de *transformer la force*, il la divise en *Force matérielle* et en *Force immatérielle*. « J'appelle Force immatérielle, dit-il, toute puissance intellectuelle, toute puissance scientifique, toute loi naturelle. » Or, qu'est-ce que cette nouvelle puissance, sinon ce que jusqu'ici l'on a nommé : le *Droit ?* Était-il vraiment bien nécessaire alors que vous conserviez la chose, de changer l'étiquette ?

» L'infériorité incontestable du droit à l'égard de la force n'est même pas sans présenter de nombreuses exceptions. Que de fois celle-ci n'a-t-elle fait que se traîner à la remorque de celui-là ! — Je ne citerai que les croisades. Ce sont de pauvres religieux, un Pierre l'Ermite, un Urbain II, un Saint Bernard, qui ont précipité sur l'Asie plus de deux millions d'hommes. — Que de fois aussi la puissance immatérielle venant au secours de la faiblesse matérielle, de l'infériorité numérique, n'a-t-elle pas rétabli l'équilibre et donné l'avantage au moins fort? Comment expliquer autrement la victoire de Marathon, les prodiges de Jeanne d'Arc, l'impuissance des empereurs d'Allemagne contre la Suisse, de la monarchie espagnole contre la Hollande, de la coalition européenne contre la France de 1792, de l'empire français contre la Péninsule hispanique?

» Le Droit dont je parle n'a rien de commun avec le droit des diplomates, avec ce qu'ils appellent : droit public, droit des gens, droit international. Celui-ci est au premier ce que l'hypocrisie est à la vertu, ce que la parodie est au chef-d'œuvre; et en ce sens, selon le mot de je ne sais plus quel moraliste, c'est un hommage rendu au droit.

M. de Girardin peut avoir raison si c'est de ce droit-là qu'il entend parler. La diplomatie qui, dans son jargon, appelle ses actes officiels des *instruments*, n'est elle-même qu'un instrument entre les mains de la force. Après la mort de Cromwell, Mazarin demandant à lord Lockart, ambassadeur d'Angleterre, s'il était pour la république ou pour la restauration, celui-ci répondit ingénument : *Je suis le très-humble serviteur des événements.* C'est là toute la profession de foi de la diplomatie. Aujourd'hui, elle se traîne aux pieds de Napoléon (congrès d'Erfurth;) demain elle l'appellera avec mépris : « un individu sorti de la révolution » (congrès de Troppau.) Le droit de la veille n'est jamais le droit du lendemain. Aussi la Porte-Ottomane, dans sa déclaration du 12 juin 1827, opposait-elle aux puissances chrétiennes leurs propres maximes politiques, les principes proclamés par elles à Troppau, à Laybach, à Vérone; comme la Russie, vingt-sept ans plus tard, opposera à ses anciens alliés, à la France et à l'Angleterre, leurs propres actes de 1827. Où est le véritable droit : à Navarin, avec la Grèce contre la Turquie, ou bien en Crimée, avec la Turquie contre la Grèce? Là, les Hellènes insurgés sont appelés des héros et des martyrs ; ici les mêmes Hellènes ne sont plus que des brigands. Hier, la France et l'Angleterre, unies à la Russie, apparaissaient en libératrices dans les eaux de l'Archipel contre les Turco-Égyptiens ; demain les mêmes flottes accourront dans les mêmes parages au secours de ces mêmes Turco-Égyptiens, contre cette même Russie, et le congrès de Paris (1856) viendra miner et battre en brèche l'œuvre des conférences de Londres (1830). Où est le véritable droit : dans le principe de non-intervention en Italie, ou bien, en Chine et au Mexique, dans le principe contraire?... [1] »

M. de Girardin nous fournit lui-même la preuve qu'il y a un autre droit que celui du plus fort. Quoi de moins brutal, de moins matériel, de plus conforme à l'idée de justice, que sa double théorie de la *Liberté* et de la *Réciprocité*, celle-ci étant à celle-là ce qu'en arithmétique la preuve est à la règle? Au lieu de prétendre que le Droit, c'est la force, pourquoi ne dirait-il pas, avec beaucoup plus de raison : le Droit, c'est la liberté, le Droit, c'est la réciprocité?

---

[1]. *Lettres sur la philosophie de l'histoire*, par Odysse-Barot, Paris 1864. (Bibliothèque de philosophie contemporaine, de Germer-Baillière) un vol. in-18, pages 79 et suivantes.

L'idée de la réciprocité, qui fait la base de toute la doctrine de notre publiciste, n'est autre chose que la vieille maxime : *Ne fais pas à autrui ce que tu ne voudrais pas qu'on te fît; fais à autrui ce que tu voudrais qu'on te fît à toi-même.* Nous n'admettons plus, avons-nous dit, aucune distinction morale entre le bien et le mal. Le mal, c'est le risque. Il faut donc agir envers le mal transformé en risque comme Franklin s'y est pris avec la foudre. A-t-il imaginé de lui intenter des procès, de lui faire subir des condamnations, de lui infliger des peines? Non. Il a été droit de l'effet à la cause, dont il s'est rendu le maître, ainsi que l'a dit éloquemment Turgot, dans un vers latin resté célèbre :

Eripuit cœlo fulmen, sceptrumque tyrannis.

Les risques maritimes ont été diminués par la vapeur, la boussole, la précision des instruments, l'exactitude des cartes; les risques d'incendie, par la substitution généralisée de la pierre et de la tuile à la paille et au bois, par l'invention du paratonnerre; les risques de famine, par l'importation de la pomme de terre; les risques d'inondation par la construction de levées et le reboisement des montagnes. Il ne serait pas plus difficile de prévenir les risques sociaux : il suffirait de bien graver dans tous les cœurs et dans tous les esprits la maxime de l'Évangile : Ne tue pas, si tu ne veux pas être tué; ne frappe pas si tu ne veux pas être frappé; ne vole pas, si tu ne veux pas être volé ; ne trompe pas si tu ne veux pas être trompé; ne calomnie pas si tu ne veux pas être calomnié; ne diffame pas si tu ne veux pas être diffamé. Tuer autrui, c'est appeler sur soi le risque d'être tué; voler, c'est attirer sur soi le risque d'être volé ; tromper, c'est attirer sur soi le risque d'être trompé. Nous parlons ici du vol en général, de quelque nom qu'il se décore, qu'il s'appelle larcin ou conquête, qu'il s'agisse d'une province ou d'une pièce de monnaie. Nous parlons du meurtre sous toutes ses formes, sous tous ses déguisements, qu'il s'appelle assassinat, ou bien qu'il s'appelle duel ou guerre.

Le calcul des probabilités appliqué à la mortalité humaine, aux risques maritimes, aux cas d'incendie ou d'inondation, a donné naissance à une science nouvelle, celle des assurances. Le calcul des probabilités appliqué à la vie des nations, aux cas de guerre et de révolution, est le fondement de toute politique rationnelle. Gouverner, c'est prévoir. Le jour où Napoléon disait : « Je n'ai pas de volonté, je dépends des événements, » il n'était plus l'empereur.

Il serait facile de démontrer que la vie est un grand-livre tenu en partie double, où chaque individu ayant son compte ouvert, se débite et se crédite à son insu. Il importe que ce grand-livre soit constamment tenu à jour. Il s'agit de fonder une société où cette comptabilité soit de plus en plus régulière et rigoureusement exacte, une société réduisant tout mathématiquement à des risques prévus, à des probabilités calculées, ayant pour pivot l'assurance généralisée, la mutualité universalisée, la réciprocité devenue plus qu'un principe, un dogme.

La réciprocité est la mesure qui détermine le degré de civilisation ; c'est la vraie loi de l'homme vivant en société, la vraie loi des nations. La réciprocité est dans l'ordre social ce que la gravitation est dans l'ordre astronomique.

VIII

LES IDÉES

II

IDÉES POLITIQUES

VIII

LES IDÉES

II

IDÉES POLITIQUES

> Il semble que les têtes des plus grands hommes se rétrécissent lorsqu'elles sont assemblées, et que là où il y a *plus de sages* il y ait aussi *moins de sagesse*.
> MONTESQUIEU.

THOMAS CARLYLE ET ÉMILE DE GIRARDIN. — Il est en Angleterre un grand écrivain, que j'ai eu plus d'une fois l'occasion de citer dans les précédents chapitres, dont l'esprit et les tendances se rapprochent singulièrement de M. Émile de Girardin. Je veux parler de Thomas Carlyle, l'auteur de *The French Revolution* [1].

Comme M. de Girardin, Carlyle n'appartient, n'a jamais appartenu à aucun parti. Comme lui, il professe un fatalisme très-accentué; il croit que toutes choses arrivent en leur temps (*in their due time*). Comme lui il repousse la notion vague du *droit* pour la remplacer par la notion du *pouvoir*. Il n'y a pas, à ses yeux, de *droits de l'homme*, il y a des *pouvoirs de l'homme* (mights) : « ... Après des débats sans fin, on a fait écrire et promulguer les *Droits de l'homme :* vraie base de papier pour toute constitution de papier. On a oublié, crient les opposants, de déclarer aussi les devoirs de l'homme; on a oublié, ajouterai-je, de reconnaître les *forces de l'homme.* » Comme le publiciste français, Carlyle croit médiocrement à la puissance de la parole, de la presse, et des assemblées : « ... Sur la poussière de nos héroïques ancêtres, nous (l'Angleterre) passons notre temps à *votailler...* » et ailleurs, par-

---

1. *Histoire de la Révolution Française*, traduite par M. Elias Regnault, avec une introduction de M. Odysse-Barot, 3 vol. in-18. (Germer-Baillière. *Bibliothèque d'histoire contemporaine*) 1866.

lant de l'Assemblée constituante de 1789 : « ... Considérez qu'ils sont douze cents; que non-seulement ils discourent, mais encore lisent leurs discours, et même empruntent et volent des discours pour les lire. Avec douze cents parleurs faciles et leur déluge de lieux-communs, le silence, qu'on ne peut obtenir, pourrait sembler le premier bonheur de la vie... » On trouve chez lui la même horreur des fictions légales et politiques, le même respect des faits accomplis, des gouvernements de fait, le même mépris pour le gouvernementalisme. M. de Girardin a publié une brochure intitulée : *L'Abolition de l'autorité par la simplification du gouvernement* (1851); Carlyle écrit quelque part : « ... Quelques heureux continents, comme celui de l'Amérique, comme le *Far-West,* avec ses savanes, où quiconque a quatre membres de bonne volonté peut trouver du pain sous ses pieds et un toit sur sa tête; quelques heureux continents peuvent se passer de gouverner et d'être gouvernés. » Carlyle n'attache qu'une importance secondaire à la forme des États; personne n'ignore, à cet égard, l'indifférence absolue de M. de Girardin; on se souvient qu'aux élections du 10 mars 1850, il vit sa candidature repoussée, pour n'avoir pas voulu mettre la République au-dessus du suffrage universel. Comme M. de Girardin, Carlyle, bien qu'il soit l'un des premiers historiens de son temps, fait peu de cas de l'histoire, qu'il appelle : « une distillation de rumeurs. » L'un et l'autre professent une égale antipathie pour tous les despotismes, pour le despotisme des masses aussi bien que pour le despotisme d'un homme ou d'une assemblée. « Au nom de la liberté individuelle, écrit M. de Girardin, je repousse également la souveraineté de Louis XIV et la souveraineté de la Convention. » Le même sentiment avait été déjà exprimé par Aristote. Un peuple, en tant que monarque, disait-il, a tous les caractères du tyran. Dans une démocratie absolue et dans la tyrannie vous retrouverez mêmes mœurs, même despotisme ; même arbitraire dans les décrets du peuple et dans les ordonnances du tyran. Le démagogue et le courtisan ont les mêmes rapports de ressemblance. — Il n'est pas jusqu'au choix de leurs titres où ne se retrouve cette parenté de deux puissants esprits. L'un et l'autre affectionnent les titres en partie double : *Paix et liberté*, *Force ou richesse; Past and Present, Sound and Smoke, Arrears and Aristocrats; Questions de mon temps, The Present Time;* chez l'un et chez l'autre chaque chapitre porte une étiquette flamboyante.

Un point de contact bien plus important, enfin, c'est la fameuse théorie de l'historien anglais sur *les héros*.

Dans une série de lectures *délivrées* en 1840, et réunies en volume l'année suivante sous ce titre : *Des héros, du culte des héros* (Hero-Worship), *et de l'héroïsme en histoire*, Carlyle établit que toutes les grandes choses sont l'œuvre de quelques individualités puissantes qu'il appelle les *héros*, et qu'il considère comme les *organes articulateurs* du corps social. Tels sont : Mahomet, Knox, Shakspeare, Luther, Cromwell, Napoléon. Il étudie toutes les espèces d'hommes qui ont dirigé l'humanité, poëtes, législateurs, rois, guerriers, fondateurs de religions, et il considère leur influence comme le résultat d'une sorte de droit divin. Ce qu'il veut, c'est le gouvernement des plus sages, des plus intelligents, des meilleurs (*aristos*). Si nous connaissions les meilleurs, dit-il, l'ère des révolutions serait close. Ces idées, à première vue, pourraient sembler en contradiction avec le rôle immense que jouent, dans son *Histoire de la Révolution française*, les masses, les foules, les *vingt-cinq millions d'affamés*. Mais cette contradiction n'est qu'apparente, et en y regardant de près on se convaincra que si les masses s'*agitent,* ce sont en réalité les héros qui les *mènent.*

Déjà Herder avait dit que Dieu n'agit sur la terre que par le moyen d'hommes supérieurs et choisis de sa main. Un de nos contemporains les plus éminents, M. Édouard Laboulaye, a complétement accepté, sous ce rapport, les idées du publiciste anglais, et il a appliqué cette méthode, dans ses livres, dans ses cours, à l'histoire des États-Unis. Je trouve quelque chose d'analogue chez M. Augustin Thierry. Contrairement aux théories dominantes en France, qui accordent à l'universalité des citoyens, au peuple entier, le pouvoir constituant, Augustin Thierry affirme que ce pouvoir n'appartient à qui que ce soit d'une façon permanente et exclusive : *le pouvoir constituant, c'est le levier de la Providence ; elle le met, à chaque époque de renouvellement politique, aux mains des mieux inspirés.* Alexis de Tocqueville pense à peu près de même ; il croit que la révolution de 1789 pouvait fort bien être évitée ; qu'il eût suffi pour cela d'un homme de génie. « Vers 1750, dit-il, la nation tout entière ne voulait que des réformes; et s'il se fût trouvé alors sur le trône un prince de la taille et de l'humeur du grand Frédéric, je ne doute point qu'il n'eût accompli dans la société et dans le gouvernement plusieurs des plus grands changements que la Révolution y a faits, non-seulement sans perdre sa couronne, mais en augmentant beaucoup son pouvoir. » C'est aussi le fond de la doctrine d'Auguste Comte. Quoi qu'ait pu dire M. Taine, Carlyle est beaucoup plus positiviste qu'idéaliste : « C'est le propre du héros, en tout temps, en tout lieu, en toute situation, *de revenir à la réalité, de s'appuyer sur les choses* et non sur les apparences des choses[1]. » Le héros est un initiateur ; il découvre un fait inconnu ou méconnu. Il est toujours en avance sur son époque. *Il a quitté l'opinion Pour la conviction, la tradition pour l'intuition.* Ne dirait-on pas cette phrase écrite par M. Émile de Girardin lui-même? Gouverner, c'est prévoir, répète-t-il souvent. Ce que Carlyle appelle le règne des héros, il l'appelle, lui, le règne des supériorités, la Révolution par en haut.

LE PARLEMENTARISME. — Cette théorie sur l'influence des hommes supérieurs, théorie déve-

---

1. It is the property of the hero, in every time, in every place, in every situation, that he comes back to reality ; that he stands upon things, and not shews of things. (*On heroes*, p. 193).

loppée aussi par l'auteur de l'*Histoire de César*, rabaisse singulièrement, annihile presque le rôle des assemblées délibérantes. Aussi faut-il voir comme les deux écrivains semblent s'entendre et se donner la réplique, des deux côtés de la Manche, dans leurs attaques contre le régime parlementaire.

Dès 1837, tandis que le rédacteur de la *Presse* écrivait, le 28 avril : La forme politique qui nous régit fait des orateurs; elle ne fait point des hommes d'État; elle sacrifie incessamment le fond à la forme, les affaires aux déclamations, le génie à l'éloquence ; le publiciste anglais disait, dans son histoire de la Révolution publiée cette même année : « ... Est-il donc dans la nature des assemblées nationales d'aboutir, après un bruit et un travail sans fin, à ne faire rien? Les gouvernements représentatifs sont-ils au fond autre chose que des tyrannies? Dirons-nous que ces tyrans, ces ambitieux disputeurs, venus de tous les coins du pays, se réunissent dans une même salle, et là, avec des motions et des contre-motions, avec du jargon et du vacarme, se paralysent l'un l'autre, et produisent pour résultat net : zéro...? » et plus loin : « ... Du reste, une auguste assemblée nationale peut produire l'éloquence parlementaire et nommer des comités : comité de la constitution, comité des rapports, comité des recherches, et bien d'autres comités; ce qui entasse des montagnes de papier imprimé... »

Plus tard, en 1847, M. de Girardin revient à la charge (7 mai) :

« Éloquents apôtres, vigoureux athlètes du gouvernement représentatif, voilà trente-deux ans que vous parlez; qu'avez-vous fait, qu'avez-vous fondé?...

» Assez de discours comme cela. Nous croyons que nous avons un gouvernement représentatif; c'est là notre prétention, notre illusion, notre erreur. Nous avons le *spectacle* parlementaire... A la tribune, M. Guizot obtient le même succès que mademoiselle Rachel au théâtre. C'est de l'art, ce n'est que de l'art. *Où tout cela nous mènera-t-il?...*

» ... Le temps des vains discours et des stériles victoires de tribune est fini... »

M. Thomas Carlyle ne se laisse point distancer :
« ... Oui, vraiment, amis patriotes; si la liberté veut dire : la liberté d'envoyer au club des débats nationaux votre cinquante millième part d'un nouveau dévideur de paroles, alors, j'en prends

les dieux à témoin, le régal n'est pas grand. Mais si, dans la *parlatoire* nationale, il se trouve véritablement tant de bénédictions, quel tyran pourrait contester le droit de vote à un seul des fils d'Adam? Bien mieux. Ne pourrait-il pas y avoir aussi un parlement de femmes, avec : *cris des bancs de l'opposition*, ou bien : *l'honorable membre, prise d'une attaque de nerfs, 'est emportée?* Je donnerais aussi volontiers les mains à un parlement d'enfants. J'irai même plus bas, si vous le désirez... »

A cette ironie, à ces sarcasmes succéderont bientôt des notes plus graves. 1848 est venu, avec ses orages dans le présent et ses tempêtes dans l'avenir, avec ses drames actuels et ses tragédies futures. Nous sommes en 1850. Voici comment, dans ses *Pamphlets du dernier jour* (Latter-Day Pamphlets) M. Carlyle juge la situation de l'Europe et apprécie ce qu'il appelle : *la recette parlementaire* :

. . . .

« ... Peut-être la démocratie nous tirera-t-elle de la fange? Une fois façonnée en votes et approvisionnée d'urnes électorales, peut-être nous fera-t-elle passer du mensonge à la réalité. Les hommes regardent la démocratie comme une sorte de gouvernement. Le vieux patron taillé depuis longtemps, et définitivement perfectionné en Angleterre, il y a quelque deux cents ans, s'est proclamé lui-même à la face des nations comme le remède à tous les maux. « Établissez un Parlement, disent » partout les peuples ; donnez-nous un Parlement : » faites-nous voter, faites manœuvrer le suffrage » universel, et, sur-le-champ, tout s'arrangera » pour le mieux. » Moi, je pense tout autrement. Plus j'y regarde à fond, plus l'état d'esprit qui a pu engendrer tout cela, me paraît désolant, odieux, désespérant. *Examiner cette recette parlementaire*, voir jusqu'à quel point un parlement est propre à gouverner toutes les nations, c'est là une enquête alarmante à laquelle sont conviés tous les bons citoyens.

» Si un parlement, avec des suffrages universels ou toute autre espèce imaginable de suffrages, est en effet, la bonne méthode, mettons-nous à l'œuvre, et ne nous accordons nul répit jusqu'à ce que nous ayons découvert le genre de suffrage qui convient. Mais il serait possible qu'un Parlement ne fût pas la bonne méthode, qu'il ne la fût pas tout entière, qu'il ne la fût pas du tout. Si, par hasard, un Parlement, avec n'importe quel genre d'élections, n'était pas la méthode décrétée par la nature, alors, prenons-y garde. Il serait urgent pour nous de nous en apercevoir et de changer de voie ; car nous aurions beau être unanimes à vouloir poursuivre notre route, chaque pas que nous y ferions serait, en vertu des lois éternelles des choses, un pas de fait, non dans la direction du progrès, mais précisément en sens contraire.

».... Unanimes ! Il s'agit bien d'unanimité ! Le plus admirable système électoral ne fera pas doubler le cap Horn à votre vaisseau. L'équipage peut voter ceci ou cela, sur le pont et dans l'entre-pont, de la façon la plus harmonieuse et la plus adorablement constitutionnelle : le vaisseau trouvera sur la route des conditions déjà votées et fixées avec la rigidité de l'airain par les éléments, ces antiques puissances, qui s'inquiètent fort peu de ce qu'il vous plaît de voter... De l'unanimité à bord du vaisseau ! oh ! sans doute, cela peut être fort agréable pour l'équipage et pour son faux-semblant de capitaine, s'il en a un. Mais si la ligne qu'il suit le mène droit au centre de l'abîme, cela ne lui servira pas à grand'chose. En conséquence, les vaisseaux ne font pas usage de scrutin ni d'urnes d'aucune sorte, et ils rejettent les capitaines de l'espèce *faux-semblant*. Des fantômes de capitaines et des votes unanimes : c'est là pourtant la loi et les prophètes par le temps qui court !... »

M. de Girardin n'est pas un adversaire moins déclaré des *fantômes de capitaines*, des *capitaines de l'espèce faux-semblant*. Selon lui, le pouvoir exécutif doit résumer toutes les forces sociales : il en est le faisceau ; une seule d'omise, toutes s'échappent. Autant le pouvoir *individuel* doit être libre dans son cercle d'action, autant le pouvoir *indivis* doit être complet dans sa sphère. Machiavel établit en principe (*Discours sur la réforme de l'État de Florence*), qu'il n'y a pas de stabilité dans un État où les choses se font par la volonté d'un seul et sont délibérées par le consentement de plusieurs. On croit généralement, dit Locke (*du Gouvernement civil*, ch. IX), que c'est de la séparation du pouvoir législatif d'avec celui qu'on appelle exécutif que dérivent les garanties de la liberté publique : Je pense que c'est un préjugé. Je demande d'abord si le pouvoir législatif est, oui ou non, véritablement un pouvoir.

Qu'est-ce, en effet, que les lois ? D'après Montesquieu, les lois sont les rapports *nécessaires* qui dérivent de la nature des choses, et dans ce sens tous les êtres ont leurs lois. La divinité a ses lois, le monde matériel a ses lois ; les bêtes ont leurs lois; l'homme a ses lois. Un autre jurisconsulte, l'auteur des *Études législatives*, dit aussi : La loi n'est qu'une nécessité absolue ou relative de l'ordre physique, moral, politique. Les législateurs ne sont donc que des secrétaires, des sténographes, écrivant ce qui arrive sans leur coopération, et souvent même contre ce qu'ils ont prévu. S'ils n'inventent rien, ne créent rien, ne modifient rien, que sont donc les lois émanées d'eux ? C'est tout simplement la description de ce qui existe et non pas l'anticipation de ce qui doit être ; c'est la copie ou la contrefaçon d'un fait qu'il n'est pas au pouvoir du législateur de changer ou de modifier à son gré. La loi n'est que l'expression de la force sociale. Les lois sont la constatation d'un fait, et non pas une théorie; aussi les lois écrites sont-elles sans vigueur si ce qu'elles commandent ou défendent ne se trouve pas dans les éléments sociaux avant qu'elles soient imposées aux nations; les mœurs sont plus fortes que les systèmes, elles les renverseront toujours, comme un être animé renverse un corps mort. — C'est ce que M. de Girardin a si bien compris lorsqu'il a dit : assez longtemps on a fait des lois sans faire des mœurs; essayons donc de faire des mœurs sans faire des lois. — Henri IV eut infiniment de peine à faire accepter le fameux édit de Nantes. Le Parlement de Paris fit une vive résistance, refusa de l'enregistrer. Le roi lui dit : « J'ai désiré faire deux mariages : l'un de ma sœur, je l'ai fait; l'autre, de la France avec la paix ; or, ce dernier ne peut être, que mon édit ne soit vérifié. Vérifiez-le donc, je vous prie. Je ne veux pas que personne se dise plus catholique que moi. » Cet édit était si peu dans le sentiment général, que l'on remplirait des volumes avec les édits faits pour le miner, pendant les trente années qui précédèrent sa révocation par le chancelier Letellier, Louvois et Colbert. Fénelon fut envoyé en Poitou pour faire exécuter l'édit de révocation, édit qui est l'œuvre de l'opinion publique plus que du roi et des ministres. Le duc de Noailles reprochait à Louis XIV la douceur de cette ordonnance.

Faire des lois devient, dès lors, une expression impropre. On peut formuler des lois, on ne les crée point. Est-ce Kepler qui a fait les lois astronomiques qui portent son nom? Il en est des lois morales et politiques comme des lois physiques : on les découvre, on ne les imagine point. Or, les découvertes ont-elles jamais été accomplies par une assemblée délibérante? Est-ce un Sénat qui a découvert l'Amérique? Est-ce un Parlement qui a découvert la loi de la circulation du sang? De même que toutes les lois physiques portent le nom d'un seul homme, d'un Archimède, d'un Harvey, ou d'un Lavoisier, les meilleures et les plus durables législations politiques ou morales, ont été l'œuvre d'un seul législateur, d'un Lycurgue, d'un Solon, d'un Numa, d'un Charondas, d'un Zoroastre, d'un Moïse, d'un Jésus, d'un Mahomet. C'est à d'Aguesseau que nous devons les réformes les plus importantes accomplies dans notre législation civile avant 1789.

En lisant les ouvrages de Pothier et de Domat, on sent que le code Napoléon était fait en France; il ne lui manquait que la sanction du gouvernement. Locke a fait un code remarquable pour la Caroline du Nord; Macaulay en a rédigé un pour l'Inde. C'est à Turgot que nous devons la première idée de la liberté du travail, l'abolition des corvées, de la torture. Turgot n'eût peut-être pas songé à déclarer les droits de l'homme; il eût certainement promulgué les lois de l'homme. Madame de Staël n'hésite pas à dire

que son père, M. Necker, voulait obliger le roi
à faire par lui-même tout le bien que la nation
réclamait. Elle ajoute qu'elle ne l'a point vu jusqu'à sa mort varier dans la conviction qu'il aurait
réussi à empêcher une révolution s'il fût resté au
pouvoir en 1781. Il quitta le ministère parce qu'il
désapprouvait la guerre d'Amérique. Il était tout
aussi éloigné de convoquer les Notables, qui ame-
nèrent les états-généraux. Ce fut de Calonne, esprit
beaucoup moins avancé que Necker, qui convoqua
l'assemblée des Notables, et ce fut, chose étrange,
Loménie de Brienne, porté au ministère par le
parti de la résistance et lui-même essentiellement
rétrograde, qui promit les états-généraux! Cette
assemblée des Notables de 1787 était beaucoup
plus arriérée que les ministres. Sur six bureaux,
un seul, à une voix de majorité, se prononça pour
le doublement du tiers : ce fut Necker qui prit sur
lui la mesure du doublement. Les Notables s'opposent également à l'impôt territorial, Loménie de
Brienne veut le faire admettre par les parlements
qui le refusent ; il faut un lit de justice pour faire
enregistrer l'édit à Versailles, le 6 août 1787. L'année suivante, il faut encore faire enregistrer de
force un nouvel édit relatif à un emprunt, mais

promettant la convocation prochaine des états-généraux. Cette convocation décidée, Loménie de Brienne, avant de quitter le ministère, *invite tous les écrivains* à faire connaître leur opinion sur le mode d'organisation. Je trouve aussi un arrêt du conseil du 27 décembre 1788, qui, *prenant en considération* L'AVIS DE LA MINORITÉ, l'*opinion prononcée de plusieurs princes du sang*, le *vœu des ordres du Dauphiné*, l'AVIS DE PLUSIEURS PUBLICISTES... etc... En regard de ces hommages rendus à la presse, je rappelle que longtemps après la prise de la Bastille, la censure sur les journaux existait encore. Du reste, ainsi que l'a fait remarquer un éminent jurisconsulte, Isambert, dans l'historique des lois françaises et dans le détail de la formation de ces lois on pourrait reconnaître, qu'à des époques anciennes et sous un régime entièrement monarchique, les peuples ont souvent joui de droits supérieurs à ceux qui leur sont attribués dans le système actuel des gouvernements représentatifs.

On a souvent fait dater de 1789 la division extrême de la propriété foncière que l'on a considérée comme l'un des titres de gloire ou l'un des résultats fâcheux de la Révolution. C'est là une erreur profonde. Vingt ans au moins auparavant, on rencontre des Sociétés d'agriculture qui déplorent déjà ce morcellement exagéré du sol : la division des héritages, dit Turgot, est telle, que celui qui suffisait pour une seule famille, se partage entre cinq ou six enfants. Necker, quelques années plus tard, dit qu'il y a en France une immensité de petites propriétés rurales. Je trouve dans un rapport secret fait à un intendant, peu d'années avant la révolution, ce passage : « Les successions se subdivisent d'une manière égale et inquiétante. » Un excellent observateur contemporain, Arthur Young, dit aussi : « Les terres se vendent toujours au delà de leur valeur ; ce qui tient à la passion qu'ont tous les habitants pour devenir propriétaires. Toutes les épargnes des basses classes, qui ailleurs sont placées chez des particuliers et dans les fonds publics, sont destinées, en France, à l'achat de terres. »

Ainsi, pas plus au point de vue économique que sous le rapport politique ou judiciaire, il n'y a une démarcation tranchée entre ce que l'on appelle l'*Ancien régime* et ce que l'on appelle la *Révolution*. La révolution n'a point été une révélation, les ruines de la Bastille ne se sont point transformées en Sinaï. La réforme qui porte la date un peu arbitraire de 1789 était commencée bien avant la réunion des états-généraux ; Turgot est un révolutionnaire tout autrement radical que Robespierre. Ce dogme de la *Révolution* est d'origine récente. Nos pères disaient avec bien plus de raison : *Les Révolutions ;* Loustalot appelait son journal : *Les Révolutions de Paris*, et Camille Desmoulins intitulait le sien : *Les Révolutions de France.* A quels point, dit fort justement Carlyle, reconnaît-on le commencement ou la fin d'une révolution ? Toutes choses, ici-bas, sont en révolution, en changement d'heure en heure. Dans ce monde il n'y a rien que révolution et mutation. Personne, aujourd'hui, ne s'imagine plus que la société moderne soit sortie subitement, tout d'une pièce, de la Révolution française, et ne supprime plus de l'histoire tout ce qui a précédé 1789. On commence à parler avec sang-froid du *moyen-âge*, de la *féodalité*, qui ne semblent plus aussi affreux dès qu'on prend la peine de les regarder de près. « Le moyen-âge, écrivait naguère M. Adolphe Franck, qui, en sa qualité d'israélite, ne sera pas suspect, le moyen-âge, on le trouve plein de vie, de mouvement et de *pensée.* La *liberté même ne lui manque pas* sous une forme et quelquefois dans une mesure qui nous étonne. » Est-il une

seule des idées et des institutions appelées *nouvelles*
que le moyen-âge n'ait pas connue ? La souveraineté du peuple ? Le suffrage universel ? Nous les
trouvons déjà dans un livre de Marsile Ficin, de
Padoue, intitulé : *Defensor pacis*. Le jury ? C'est au
moyen-âge que nous le devons ; Philippe de Beaumanoir, dans ce livre admirable intitulé : *Coutumes
du Beauvoisis*, nous apprend que la décision des
procès, tant civils que criminels, était déférée aux
hommes du fief réunis en assises sous la présidence
du bailli. Le régime parlementaire ? C'est une
réminiscence carlovingienne.

Napoléon, dans son décret du 13 mars 1815
convoquant les colléges électoraux, dit formellement : « Nous avons remplacé par la Chambre des
députés les antiques assemblées des Champs-de-Mars et Champs-de-Mai. » Charlemagne, au dire de
Mably, est le premier souverain constitutionnel.
Son gouvernement était un mélange de monarchie,
d'aristocratie et de démocratie ; les trois états,
clergé, noblesse, peuple, prenaient part à la confection des lois dans des assemblées périodiques.
C'est ainsi que fut fait le capitulaire de Francfort
(794), établissant un maximum du prix des denrées, mesure qu'en 1794 on ne s'imaginait guère

remonter tout juste à mille années et être purement et simplement renouvelée de Charlemagne! Boulainvilliers nous affirme également que, *pendant et depuis* le règne de Charlemagne, les assemblées communes de la nation prirent part à la délibération des lois. Dans la Constitution promulguée à Rome en 824, par Lothaire, fils de Louis-le-Débonnaire, on lit : « Nous voulons que tout le Sénat et le peuple romain soit interrogé, et qu'il lui soit demandé sous quelle loi il veut vivre. » Dans l'article 6 d'un capitulaire rendu sous Charles-le-Chauve, en 864, à l'*Assemblée nationale* de Pistes, il est dit que pour porter une loi il faut le concours du consentement du peuple et de la sanction royale: *Lex quoniam consensu populi fit et constitutione regis*. C'est de la même manière qu'avait été rendu, l'année précédente (863), le capitulaire d'Aix-la-Chapelle décrétant l'uniformité des poids et mesures. Enfin la collection des capitulaires n'est-elle pas intitulée: « *Capitula regum et episcoporum, maximeque nobilium francorum omnium?* » Si l'uniformité des poids et mesures remonte à Charles-le-Chauve, et le *maximum* à Charles-le-Grand, nos lois contre l'usure et contre le vagabondage sont imitées de saint Louis: « DE PUGNIR soupeconneus. Se aucuns est qui n'ait riens, et soit en la ville sans rien gaigner, et il hante tavernes, la justice le doit prendre, et demander de quoi il vit, et se il entend qu'il mente et qu'il soit de mauvaise vie, il le doit bien jetter hors de la ville; car ce appartient à l'office de prevost de netoyer la jurisdiction et sa province de mauvais homs et de mauveses fames. »

Si le IXe siècle avait sa chambre des députés, le XIVe a eu sa Convention, son Comité de salut public. « Après la bataille de Poitiers, les bourgeois se prirent, dit Froissart, à parlementer et à murmurer, à tant haïr et blasmer les chevaliers et escuyers retournés de la bataille, que envis ils s'embataient ès bonnes villes. » Au milieu de cette fermentation générale, huit cents députés, dont quatre cents de la bourgeoisie, entreprirent la réforme du gouvernement. « Délibérant sans distinction d'ordres, et avec toute la violence des temps révolutionnaires, l'Assemblée de 1356 forma dans son sein une sorte de Comité de salut public; elle notifia à la royauté des résolutions qui allaient à déclarer les états à peu près souverains en toute matière; elle exigea la mise en accusation des conseillers du roi, la destitution en masse des magistrats, et le droit de se réunir désormais en tout temps sans nulle convocation royale. Étienne Marcel formule la souveraineté du peuple et le transport de l'autorité publique de la Couronne à la nation. » (de Carné.) Ces idées de monarchie élective et de souveraineté nationale, nous les retrouvons formulées au XVIe siècle dans le beau livre de François Hotman, intitulé : *Franco-Gallia*, d'où elles passent dans le parti de la Ligue.

Bien loin d'être une nouveauté, un progrès, le régime parlementaire est donc le plus ancien, le plus primitif de tous les systèmes législatifs; c'est l'enfance de l'art gouvernemental et de la civilisation ; c'est un produit des forêts de la Germanie ; ce n'est pas encore la liberté, et c'est toujours la barbarie. M. de Monthyon, dans son remarquable rapport au roi Louis XVIII, disait : « Un conseil composé d'un petit nombre d'hommes éclairés a des idées plus justes et plus approfondies qu'une grande assemblée. » L'auteur des *Études législatives* dit de son côté : « Dans les corps délibératifs, ou bien la codification devient impossible, ou les assemblées doivent codifier de confiance, de lassitude, sans connaissance de cause. Il faut alors qu'elles l'abandonnent à des personnes qui ont les habitudes du travail, à un *comité*. La législation sera donc l'ouvrage d'un comité, ou d'un seul homme plus éclairé. » C'est ce qui arrive presque toujours. Le droit de faire des lois, dit aussi l'écrivain anglais que j'ai si souvent cité, appartient à celui-là seulement qui peut réfléchir la croyance générale, quand il y en a une, et en inculquer une quand il n'y en a pas. Bentham, lui, propose un libre concours de codificateurs, qui dresseraient un plan général de lois, plan qui serait soumis aux discussions de la presse et des Assemblées.

LES CONSTITUTIONS. — Il y a quelque chose de préférable encore à la meilleure ou à la moins mauvaise des législations, c'est l'absence de toute légifération. Les idées de M. de Girardin sur ce point sont très-arrêtées, très-catégoriques. « Les législateurs n'ont servi, dit-il, qu'à inventer des supplices et qu'à perfectionner les tortures ; qu'à retarder dans sa marche le progrès des sciences. Tout ce qui s'est fait de bon et d'utile s'est fait sans eux et contre eux. » Et il appuie son opinion de celles de Montesquieu, Cicéron, Voltaire, Harrington, Destutt de Tracy, Charles Comte, Aristote, Helvétius, Frédéric II, Bossuet, Brougham. Dans un curieux chapitre intitulé : *Les lois*, il donne une longue et instructive énumération de toutes les lois absurdes, contradictoires, injustes, ridicules, grossières, odieuses, faites à diverses époques, chez tous les peuples. Cette énumération finit par inspirer un sentiment de dégoût et de mépris, et l'on est tenté de s'écrier avec un jurisconsulte :

« Plût à Dieu que le jour arrivât où l'on ne fît plus de lois que pour écarter les obstacles qui s'opposent à l'exercice de nos facultés : ce serait le véritable âge d'or de la société, qui tend incessamment à s'émanciper des règlements écrits. Plus elle sera éclairée, developpée, moins elle en aura besoin...

» Le propre de la haute mission du législateur, c'est d'être avare de décrets. »

Le même écrivain, d'accord en cela avec M. de Girardin, place le droit coutumier bien au-dessus du droit écrit. « La coutume est plus favorable à la liberté des peuples que la loi écrite, la loi statutaire. » Combien, par exemple, la *coutume du Beauvoisis* est, en ce qui concerne les débiteurs, plus douce, plus humaine, plus libérale, que la loi romaine ou que notre loi sur la contrainte par corps ! Combien le XIIIe siècle est ici en avance sur le XIXe ! La coutume, disait Dion-Cassius, est semblable à un roi, la loi à un tyran. Donc plus de loi écrite, plus de Code, plus de Constitution.

Sur ce point encore M. Thomas Carlyle pense absolument comme le publiciste dont j'étudie les idées : « Aucune Constitution, dit-il, ne peut à la longue valoir mieux que le papier sur lequel elle est écrite. La collection de lois ou d'habitudes d'action que les hommes acceptent pour règle, est celle qui réfléchit leurs convictions et qui est sanctionnée par la *nécessité* elle-même... Les autres lois, dont il y a toujours une assez bonne provision toute faite, ne sont que des usurpations auxquelles les hommes n'obéissent pas et qu'ils abolissent à la première occasion... »

Dès le 13 juin 1848, M. de Girardin s'écriait : « Pourquoi une constitution ? Toute constitution est par elle-même une limite. A-t-on jamais vu l'esclave raccourcir sa chaîne, le torrent se construire à lui-même une digue, le coursier se forger un frein, l'aigle échanger son aire contre une cage ?

» Toute constitution est grosse d'une révolution. »

Je crois inutile de développer cette pensée ; qu'il me suffise de rappeler que la constitution qui nous régit à l'heure qu'il est est la *onzième* que nous ayons eue depuis 1789, c'est-à-dire depuis soixante-dix-sept ans, ce qui fait une constitution tous les sept ans.

Le 21 juin, revenant sur le projet du comité de constitution, il dit, à propos de l'article 45, sur le président élu par le suffrage universel : « Et si du scrutin direct, universel et secret, allait sortir le nom de l'un des prétendants ? A-t-on prévu cette éventualité, cette complication, ce conflit entre la souveraineté déléguée à neuf cents représentants et la souveraineté exercée par dix millions d'électeurs ?... » Là devait être en effet la pierre d'achoppement de la seconde république; on sait si sur ce point encore M. de Girardin a été prophète !

Mêmes efforts de sa part, énergiques, réitérés, avant la constitution de 1852 : *Pourquoi une constitution ? pourquoi un sénat ? pourquoi un corps législatif ?* l'expérience n'a-t-elle pas surabondamment prouvé qu'une constitution a toujours été un péril et n'a jamais été une garantie ? Toute constitution est une naïveté, quand elle n'est pas une duperie.

Au droit constitutionnel M. de Girardin préfère le droit conventionnel. C'est le moyen d'exclure les maîtres, substitué au droit ancien de les subir et au droit moderne de les choisir. Il propose que le peuple souverain se conduise en souverain, qu'il règne et n'administre pas. Il cherche à créer dans l'ordre politique un équilibre pareil à celui du ciel où les astres se meuvent dans leurs orbites respectives sans en pouvoir sortir. Pour cela, que faut-il? D'abord, revenir à une notion vraie de l'État, séparer de l'*indivis* ce qui est *individuel*; restituer 1° à la puissance individuelle sa plénitude; 2° à la puissance communale son indépendance; 3° à la puissance nationale son unité indivisible; 4° à la corporation son action; 5° à la puissance judiciaire sa suprématie. C'est une machine composée de cinq cylindres, tous indépendants et mis en mouvement par un moteur commun : le suffrage universel.

LE POUVOIR INDIVIS ET LE POUVOIR INDIVIDUEL. — En politique, aussi bien que dans les sciences physiques et naturelles, la simplicité est un indice de supériorité. On sait que les types zoologiques sont d'autant plus fixes qu'ils sont plus parfaits, d'autant moins compliqués qu'ils occupent un rang plus élevé dans l'échelle des êtres. Les oiseaux ont quatre estomacs, les ruminants en ont deux : l'homme n'en a qu'un. Il est une sorte de petit ver, l'*Eunice sanguine*, espèce d'annélide, qui ne possède pas moins de deux cent quatre-vingts estomacs. Elle a un cerveau principal, trois cents cerveaux secondaires, et trois mille troncs nerveux; cinq cent cinquante branchies ou poumons, six cents cœurs et autant d'artères et de veines principales. Tandis que l'homme n'a que cinq cent vingt-neuf muscles, Lyonnet en a compté quatre mille soixante-quatre dans la chenille du Cossus, et M. de Quatrefages environ trente mille dans l'*Eunice*. Les *Amphicores* (annélides tubicoles) ont des yeux à l'extrémité de la queue aussi bien qu'à la tête.

Ainsi en est-il dans l'ordre social. Le degré de civilisation d'un peuple est en raison inverse du nombre des muscles et de la complication des rouages. Considérez comme barbares encore les nations qui ont, ainsi que l'*Eunice sanguine*, deux cent quatre-vingts estomacs; ne croyez point à la puissance des sociétés mises en mouvement comme la chenille par plus de quatre mille muscles; défiez-vous des gouvernements pourvus d'yeux, comme l'*Amphicore*, jusqu'aux extrémités caudales.

L'idée de la simplification gouvernementale,

qui est à l'ordre du jour en Angleterre, en Allemagne, en Italie, en Espagne, est une idée toute récente. C'est à M. de Girardin que revient l'honneur, non-seulement de l'avoir émise le premier, en France, mais de l'avoir, le premier, poussée jusqu'à ses plus rigoureuses conséquences; d'avoir, le premier, déterminé les limites exactes et précises dans lesquelles doit se renfermer le pouvoir central. Au siècle dernier, les penseurs les plus éminents n'étaient point sortis de la doctrine païenne; pour Rousseau et Mably, la liberté n'est qu'un déplacement de despotisme; la liberté, c'est la souveraineté de tous substituée à la souveraineté d'un seul ou de quelques-uns; le droit, c'est la volonté de la nation. C'est à cette théorie, encore dominante de nos jours, qu'il faut attribuer l'insuccès de toutes nos révolutions. Ce qui nous a perdus toujours, dit M. Édouard Laboulaye, (*L'État et ses limites.*) c'est la fausse notion de l'État. Les races germaniques, où n'avaient que peu ou point pénétré les idées et les lois romaines, sont, sous ce rapport, bien au-dessus de nous. En Angleterre, la liberté a été parfois éclipsée, mais jamais détruite. L'indépendance communale, le jury civil et criminel, le vote de l'impôt, ne sont pas des conquêtes et n'ont pas de date chez les Anglais.

Mirabeau l'avait admirablement compris. Dans son discours *sur l'éducation publique*, le dernier qu'il ait prononcé — son testament, en quelque sorte, — il disait : « Le difficile est de ne promulguer que des lois nécessaires, de rester à jamais fidèle à ce principe vraiment constitutionnel de la société, de SE METTRE EN GARDE CONTRE LA FUREUR DE GOUVERNER, la plus funeste maladie des gouvernements modernes. » Guillaume de Humboldt a pris ces paroles pour épigraphe d'un livre, écrit en 1792, publié seulement en 1851, et intitulé : *Essai sur les limites de l'action de l'État.* Humboldt laisse à l'État l'armée, la marine, la diplomatie, les finances, la police suprême, la justice, la tutelle des orphelins et des incapables; il lui retire la religion, l'éducation, la morale, le commerce, l'industrie [1].

Trois ouvrages considérables sur le même sujet ont paru dans ces dernières années : l'un de M. John Stuart-Mill, qui a voulu rechercher, lui aussi, la

---

1. Voir à ce sujet l'intéressant volume de M. Challemel-Lacour, intitulé: *La philosophie individualiste: Étude sur Guillaume de Humboldt.* — 1864. Librairie Germer-Baillière. (Bibliothèque de philosophie contemporaine.)

nature et les bornes du pouvoir que la société peut légitimement exercer sur l'individu ; l'autre, d'un savant Hongrois, M. le baron Eœtwœs, intitulé : *De l'influence des idées régnantes au* XIXe *siècle sur l'État;* et surtout *La Province*, de M. Élias Regnault. Je dois mentionner également la brochure de M. Rittinghausen, publiée en 1851 : *Du gouvernement direct;* le livre de M. Édouard Laboulaye : *L'État et ses limites*, qui en est, si je ne me trompe, à sa cinquième édition ; le livre de M. Odilon-Barrot *sur la Décentralisation*, et enfin le manifeste de Nancy. Nous sommes loin, on le voit, de l'époque où les théories de M. Proudhon sur *l'An-archie* n'excitaient que le sourire et l'indignation ; où l'on traitait de paradoxale la thèse développée par M. de Girardin dans *la Presse*, dès le mois de mai 1848, sous ce titre : *L'abolition de l'autorité par la simplification du gouvernement*. J'ai dit que le XVIIIe siècle n'avait pas connu ces idées anti-autoritaires ; je me trompais. Ces théories se trouvent en germe déjà dans l'*Encyclopédie* ; elles découlent tout naturellement de ce passage de l'article *Législateur* : « Le législateur a rempli son objet lorsqu'en ôtant aux hommes *le moins qu'il est possible d'égalité et de liberté*, il leur procure le plus qu'il est possible de sécurité et de bien-être. »

M. Émile de Girardin, lui, a reconnu qu'il n'est possible de donner aux hommes toute la sécurité et tout le bien-être désirables, qu'à la condition de ne leur enlever pas la moindre parcelle d'égalité et de liberté, et il a arboré pour devise l'épigraphe de Sieyès, ainsi modifiée :

« Qu'est-ce que l'individu ?

» — Rien.

» Que doit-il être ?

» — Tout.

» Qu'est-ce que l'État ?

» — Tout.

» Que doit-il être ?

» — Rien.

» Rien qu'une société nationale d'épargnes collectives et d'assurances mutuelles. »

La nature elle-même a pris le soin de déterminer la part d'action qui ne peut être laissée à l'individu, et de fixer ainsi les limites de l'État. M. de Girardin base donc cette délimitation sur une nécessité naturelle au lieu de l'appuyer sur une loi constitutionnelle. Il n'abandonne à la communauté que ce qui ne peut pas être partagé ; il ne soustrait à la division absolue que ce qui est absolument indivisible. Essayez donc, par exemple, de partager une rivière ou un pont entre tous les citoyens ! Dans toute société il y a forcément deux sortes de propriétés : la propriété individuelle et la propriété indivise. Celle-ci comprend : les routes, les canaux, les fleuves, les ponts, les arsenaux, les vaisseaux, les chantiers, les rues ; celle-là renferme tout le reste ; l'administration de la première appartient légitimement à l'individu ; l'administration de la seconde revient fatalement à l'État. De là deux pouvoirs formant les deux pôles de l'axe social : Le *pouvoir individuel* et le *pouvoir indivis*.

Tous les édifices publics deviennent propriétés communales ; les forêts sont aliénées, et le prix en est affecté à la réduction de la dette publique. « Administrer des forêts, gérer des domaines, réparer des bâtiments, manufacturer des tabacs, fabriquer des poudres, vendre du latin et des cigares, payer des messes : telle est la besogne actuelle de l'État. » Il se bornera désormais à faire des règlements d'administration publique, à entretenir le bon état des routes, la propreté et la sécurité des rues, à exécuter les arrêts de la justice, et transitoirement à commander l'armée et la marine, — jusqu'au jour où il n'y aura plus d'autres soldats que les gardes champêtres, d'autres vaisseaux que les navires marchands. —

M. de Girardin rend à la commune son indépendance et il reconstitue la corporation ; commune et corporation n'empiétant pas plus que ne le fait l'État lui-même sur la liberté du citoyen, et choisissant leurs magistrats respectifs d'après le mode d'élection et les mêmes formes qui président à la nomination du magistrat suprême de l'État. Ce magistrat est unique à tous les degrés de l'échelle : il porte le nom de *Maire* : Maire de corporation, Maire de commune, Maire d'État. L'unité nationale, l'unité communale, l'unité individuelle, forment trois cercles concentriques se mouvant sur un même axe : le suffrage universel.

Plus de condition de résidence pour l'électeur, qui peut voter où il se trouve ; plus de combat électoral entre la majorité et la minorité : toutes les deux ont le même droit à être représentées. Est-il donc nécessaire que l'urne du scrutin devienne un champ-clos ? n'est-ce pas la barbarie ? la guerre civile moins l'effusion du sang ? l'occasion de violentes animosités, de haines souvent éternelles ? Supprimons donc de notre dictionnaire politique le mot : lutte électorale. Chaque bulletin porte un seul nom. Le premier élu est proclamé *Maire d'État* — ou *Maire de commune*, s'il s'agit des élections communales, ou *Maire de corporation*, s'il s'agit des élections corporatives; — les onze citoyens, qui réunissent ensuite le plus de voix sont *Membres de la Commission Nationale* — ou communale — de surveillance et *de publicité*. Au premier élu l'administration, aux autres le contrôle. Entre la commune et l'État est maintenu le département, mais le département considérablement agrandi, équivalant à peu près aux anciennes provinces. A la tête du *département*, — auquel je regrette que M. de Girardin n'ait pas substitué la *province* — est placé un *Sous-Maire d'État*. Quant à l'arrondissement, à son sous-préfet et à son conseil, meules qui tournent dans le vide, ils sont purement et simplement supprimés. En revanche, la commune est étendue de manière à remplacer le canton. A la rigueur, le département pourrait être également mis de côté; l'auteur de *la Politique Universelle* le considère comme à peu près inutile. La commune seule est indestructible, comme la famille, dont elle n'est que l'image agrandie. La commune est l'école primaire du citoyen. « c'est la vraie patrie. » (Sismondi.) Elle existe avant l'État; la loi politique la trouve et ne la crée point. (Royer-Collard.) Elle est le premier élément de la famille politique ; c'est un corps plus réel, plus solide, plus visible, que le département ou le royaume. (de Bonald.) Le patriotisme qui naît des localités est aujourd'hui le seul véritable. (Benjamin Constant.) Si la guerre ne m'était nécessaire, disait Napoléon, je commencerais la prospérité de la France par les communes. Il faut reconstruire les communes. Chaque commune rurale est en Russie une petite république qui se gouverne elle-même pour ses affaires intérieures, qui ne connaît ni contributions foncières ou personnelles, ni prolétariat (baron de Haxthausen). En France, c'est la liberté municipale qui a toujours eu la durée la plus longue ; elle a survécu même à la féodalité. A l'apogée du pouvoir royal, les villes conservaient le droit de se gouverner. On en rencontre, dit M. de Tocqueville, qui jusque vers la fin du XVIIe siècle continuent à former comme des petites républiques démocratiques, où les magistrats sont librement élus par tout le peuple et responsables envers lui, où la vie municipale est publique et active. Les élections ne furent abolies généralement qu'en 1692. Les fonctions municipales furent alors mises en *offices*, c'est-à-dire que le roi vendit dans chaque ville, à quelques habitants, le droit de gouverner les autres à perpétuité.

En résumé : l'individu libre, la commune indépendante, la corporation inviolable, l'état fédéré ; voilà toute l'économie du système politique de M. Émile de Girardin. Fin du journalisme, fin de la tribune officielle, fin des assemblées législatives, fin des constitutions écrites, fin des partis, fin des révolutions périodiques : tels en sont les résultats. La presse, au lieu de perdre son temps à attaquer ou à défendre un gouvernement qu'elle n'empêche point de tomber ou qu'elle ne remplace pas par un gouvernement meilleur, la presse ne songe qu'à répandre des idées utiles, à propager des découvertes scientifiques, industrielles ; au lieu de batailler, elle travaille ; les déclamations cèdent le pas aux faits, les mots s'effacent devant les choses. Les assemblées se trouvent ramenées — dans la *commission nationale de surveillance et de publicité* — à leur véritable rôle, au seul rôle qu'en réalité elles aient jamais rempli, rôle de conseil consultatif. « Tout conseil, dit fort justement le jurisconsulte dont j'ai plusieurs fois cité déjà les *Études législatives*, tout conseil, qu'il s'appelle *Divan*, *Corps législatif*, *Chambre des députés*, *Congrès*, *Parlement*, *Convention*, donnez-lui la dénomination que vous voudrez, vous ne changerez pas sa modeste nature de conseil. » Et il ajoute : « Toute règle de conduite ne devient loi que lorsqu'elle porte le cachet de la force. Quand on considère les hommes qui ont la faculté de proposer des règles à suivre comme étrangers à tout mobile d'action, on ne peut guère leur attribuer un autre pouvoir que celui de conseiller... Le despotisme ne réside point dans la faculté d'octroyer les lois, mais dans l'exercice de la force sociale. Les garanties de la liberté publique ne reposent point sur la séparation du pouvoir législatif d'avec le pouvoir exécutif : cette séparation pourrait même agir en sens inverse de son but... Quels moyens imaginera-t-on contre le pouvoir exécutif, s'il n'exécute pas les lois faites par le pouvoir qui a le droit de les établir, ou s'il ôte à ce pouvoir la liberté de les discuter sous tous leurs rapports. Les écrivains qui soutiennent la théorie de la séparation complète du pouvoir législatif de tout autre pouvoir sont ses ennemis les plus décidés; car ils admettent dans le Corps législatif le droit d'accuser et de juger les agents responsables du pouvoir exécutif. Or ce droit est bien une partie, peut-être même la partie la plus importante et la plus solennelle de l'exécution et de l'application des lois. *Les corps législatifs, sans ce pouvoir, seraient presque inutiles : on pourrait véritablement s'en passer; ou pour mieux dire, on devrait les considérer comme un* PIÉGE *ou un* INSTRUMENT DANGEREUX *dans les mains de la force*[1]. » Ces dangers et ces conflits disparaissent dans le système de M. de Girardin. Il n'y a plus ni pouvoir législatif ni pouvoir exécutif; il n'y a qu'un pouvoir *administratif*. Or, l'administration étant — comme elle l'est aux États-Unis — localisée le plus possible, l'administration centrale (Le *maire d'État*, ses deux ministres, — ministre des recettes, ministre des dépenses — et la *commission nationale de surveillance*), l'administration centrale n'a plus qu'un domaine fort restreint et une besogne fort simplifiée. Elle se renouvelle, d'ailleurs, de même que l'administration communale et l'administration corporative, le premier dimanche d'avril de chaque année.

La nation est devenue ainsi une sorte de gigan-

---

1. *Études législatives*, 1834.

tesque maison de commerce, une immense société d'assurances mutuelles, dont le *maire d'État* est le gérant responsable, contrôlé par un comité de surveillance. A la crainte, à l'honneur, à la vertu, que Montesquieu considérait comme les ressorts respectifs des trois sortes d'états : despotisme, monarchie, république, M. de Girardin a substitué un ressort plus puissant, moins vague, plus précis : la réciprocité. C'est l'assurance généralisée, universalisée.

Il est ouvert à tout enfant qui naît dans la commune un compte, qui se débitera ou se créditera jusqu'à sa mort. Chaque citoyen a, sur ce grand-livre de la population, sa page spéciale, qui s'appelle *Inscription de vie*. Cette inscription universelle assigne à chaque homme sa place, à chaque chose sa valeur, à chaque chiffre son rang; c'est la tenue des livres appliquée à la politique.

Chaque extrait de ce compte, délivré chaque année par le percepteur de la commune — moyennant le paiement de l'impôt-prime — et visé par l'officier de paix, est ce qui constitue l'*Inscription de vie* ou *Police générale d'assurances*, qui remplace à la fois : l'acte de naissance, le passe-port, la carte électorale, le livret. Il a quatre pages. La première contient le nom de l'assuré avec son numéro d'immatriculation ; la deuxième, son *bilan individuel*, sa déclaration d'actif et de passif; la troisième, le *bilan national* — le budget annuel des recettes et des dépenses de l'État. — La quatrième page résume chaque année tous les documents statistiques de nature à éclairer tous les intérêts, toutes les professions, toutes les industries.

Ce plan est, comme on le voit, fort ingénieux, et matériellement il me paraît inattaquable. Au point de vue moral, au contraire, il me semble donner prise à plus d'une critique et ne pas tenir un compte suffisant des tendances du cœur humain en général, et du caractère français en particulier.

LA LIBERTÉ. — Un double reproche que j'adresserai d'abord à l'*Inscription de vie* ou *Police d'assurances*, telle que je viens de l'analyser, c'est d'être parfaitement inutile à l'économie générale du système, de constituer une superfétation vexatoire, et de n'offrir, dès lors, aucune chance d'être jamais librement acceptée. Or, je ne suppose pas que l'auteur veuille l'imposer de force. Inutilité et irréalisabilité : tel est le bilan de cette conception. Les quatre pages de cette feuille de papier sont le renversement de toutes les idées de M. de Girardin, et ces quatre pages ne servent absolument à rien. Pour le fonctionnement de l'impôt sur le capital il suffit, en effet, d'une simple déclaration annuelle faite au percepteur et du paiement de la prime. Qu'est-il besoin de ce *numéro d'immatriculation*, qui transforme le citoyen en un chiffre et fait de la société une sorte de régiment? A quoi bon ce signalement? Qu'importe à la nation et à ses gérants que mon nez soit aquilin ou camus? Dès lors que je vous paie votre prime avec régularité, de quel droit, vous, société d'assurances contre la grêle ou contre les révolutions, de quel droit me demandez-vous à voir le fond de ma bourse, à pénétrer dans ma vie intime? De quel droit violez-vous, sans nécessité aucune, le secret de ma pauvreté si je suis pauvre, de mes embarras financiers si je suis momentanément gêné, et venez-vous apporter le trouble dans mes relations, compromettre mon crédit, provoquer ma ruine? Le code de commerce, dites-vous, exige bien de tout négociant un inventaire annuel. Oui, mais du moins il ne l'oblige pas à dresser cet inventaire sur la place publique, à porter écrit sur son chapeau le chiffre de son actif et de son passif. Nul, si ce n'est en cas de faillite, n'a qualité pour examiner ses livres et pour connaitre sa position réelle. Le failli lui-même ne rend de comptes qu'à ses créanciers représentés par le juge-commissaire et le syndic; vous voulez, vous, faire à tous les citoyens une situation plus pénible que n'est actuellement celle du failli !

M. de Girardin, prévoyant cette objection inévitable, que son inscription de vie serait la destruction de toute liberté, répond d'avance : non, ce ne serait pas la destruction de toute *liberté*, ce serait la destruction de toute *obscurité*. Ce n'est pas là une réponse, et j'en conclus que l'objection est irréfutable; il n'y a aucune espèce de corrélation entre ces deux mots : *liberté* et *obscurité*. Pourquoi, d'ailleurs, cette *destruction de toute obscurité?* Il est un droit plus sacré que tous les Droits de l'homme déclarés en 1789; il est une liberté plus respectable que la liberté de la pensée, que la liberté de la presse, que la liberté du vote : ce droit, c'est le droit à l'obscurité; cette liberté, c'est la liberté de la misère silencieuse et cachée. *Le sage cache sa vie*, a dit un ancien; ce n'est donc pas le malfaiteur, mais l'honnête homme, qui recherche l'obscurité; tandis que le dalhia infect dresse effrontément sa tête, la violette parfumée se dissimule humblement sous l'herbe.

A M. de Girardin, si admirablement doué, il manque un sens : c'est le sens de la pauvreté. Il est fâcheux pour le penseur que l'homme n'ait jamais connu ce qu'Horace appelait : *res angusta domi*; qu'il n'ait jamais eu à dissimuler sous une aisance apparente une indigence réelle; qu'il n'ait jamais, comme Rastignac ou comme un personnage de M. Ponsard, oublié volontairement de dîner pour acheter des gants. On n'a pas l'idée d'une chose qu'on ne connaît pas. M. de Girardin ressemble à ce roi de Siam, dont j'ai parlé plus haut, qui niait l'existence de la neige et de la glace. Il n'ignore pas, il ne nie pas la gêne; il lui est trop souvent venu en aide, pour ne pas la connaître au moins de vue. Ce qu'il ignore, ce qu'il nie, ce dont il ne tient nul compte, ce qu'il froisse sans pitié, ce qu'il foule aux pieds, ce sont les sentiments qu'elle inspire, les préoccupations qu'elle fait naître, la pudeur instinctive qu'elle éveille chez les cœurs élevés. M. Jules Simon raconte que visitant une des habitations ouvrières dues à l'initiative de M. le comte de Madre, il fut frappé de la propreté minutieuse qui régnait dans la modeste chambre, très-

convenablement meublée. Une belle armoire à
glace, bien luisante, se dressait à la place d'honneur ; la clef était à la serrure. Tandis que la ménagère était sortie un moment, le visiteur et le
comte de Madre qui l'accompagnait, eurent la
curiosité de l'ouvrir : l'armoire était vide ! « J'ai
éprouvé comme un remords, » ajoute M. Jules
Simon. Hé bien, ce que je reproche à *l'inscription
de vie*, c'est d'ouvrir à deux battants, devant tout
le monde, avec une indiscrétion brutale, l'armoire
de tous les citoyens. L'inscription de vie, c'est une
sorte de confession publique, telle qu'elle était
pratiquée dans les premiers siècles du christianisme ; c'est le rétablissement du passe-port, du livret, de toutes les entraves nées ou perfectionnées
sous le despotisme anti-calviniste de Louis XIV
et sous le régime terroriste de 1793, entraves
qui sont en train de disparaître et que M. de Girardin a plus que personne battues en brèche. L'Inscription de vie, c'est un attentat à cette pudeur
morale qui ne doit être pas moins sacrée que la
pudeur matérielle ; c'est une violation de domicile ;
c'est la négation de cette vieille maxime : que la
vie privée doit être murée. L'inscription de vie,
c'est la tyrannie et le communisme ; c'est la con-

fiscation au profit du pouvoir indivis de toutes les libertés inhérentes au pouvoir individuel.

M. de Girardin est donc là, quoiqu'il puisse dire, en contradiction flagrante avec lui-même; je ne doute pas qu'il ne supprime de son mécanisme politique un rouage aussi inutile que dangereux, et qui a surtout le grave inconvénient d'inspirer de la défiance et de la répulsion pour l'ensemble du système. Quand on aspire à gouverner les hommes, il ne faut méconnaître ni leurs sentiments, ni leurs passions, ni leurs travers, ni leurs vices, ni leurs mœurs, ni leurs habitudes. « Vous pouvez ôter à cette ville ses franchises, ses droits, ses privilèges; mais ne songez pas à réformer ses enseignes » (La Bruyère). « Pour couper des barbes, a dit Joseph de Maistre, pour raccourcir des robes, Pierre-le-Grand eut besoin de toute la force de son invincible caractère. » Il lui fallut bien des persécutions, bien des supplices. Les hommes ne sont point une matière docile que l'on puisse pétrir comme de la terre glaise : le législateur n'est point un potier. Il faut établir les institutions pour les hommes et non les hommes pour les institutions. Que diriez-vous d'un tailleur qui vous ferait un habit sans songer à prendre votre mesure, sans consulter ni votre goût, ni la mode du jour? Est-ce au vaillant apôtre de la liberté illimitée qu'il me faut rappeler ces paroles d'Augustin Thierry «... Une des grandes fautes de Bonaparte, consul et empereur, fut d'écarter obstinément de ses combinaisons d'ordre social la liberté intellectuelle et la liberté politique, de ne voir dans l'une et dans l'autre que des rêveries d'idéologues, de ne pas comprendre que ce double instinct avait reçu chez nous la sanction que donne l'histoire. » Il est une liberté plus instinctive encore chez nous que la liberté politique et la liberté intellectuelle : c'est la liberté de la vie privée.

Mais j'ai hâte d'écarter ce point de dissentiment et d'applaudir sans réserve à la théorie de notre publiciste sur la liberté, à laquelle il ne reconnaît d'autres limites que celles qui lui sont imposées par la nature elle-même : réciprocité appliquée et responsabilité encourue ; et qui est garantie par la séparation du pouvoir individuel et du pouvoir indivis. Comme Turgot et Necker, il la met à la base de l'édifice ; comme Montesquieu, il en fait son premier et son dernier mot, contrairement au *Contrat social* dont le *nivellement* est à la fois *l'alpha* et *l'oméga*. Il pense avec Alexis de Tocqueville que

« les sociétés démocratiques qui ne sont pas libres peuvent être riches, raffinées, ornées. splendides même, puissantes par le poids de leur masse homogène; qu'on peut y rencontrer des qualités privées, de bons pères de famille, d'honnêtes commerçants et des propriétaires très-estimables; qu'on y verra même de bons chrétiens — la patrie de ceux-là n'étant pas de ce monde; — mais qu'on n'y verra jamais, j'ose le dire, de grands citoyens ni surtout un grand peuple. » Pour lui toutes les libertés sont autant d'anneaux d'une même chaîne; elles s'emboîtent les unes dans les autres, de manière à former un tout indivisible ; la liberté de penser implique la liberté de dire, et la liberté de dire implique la liberté de faire. Il croit avec M. Stuart-Mill, que la liberté de pensée et de parole est un droit absolu, au point que si toute l'humanité se trouvait d'un côté, moins un seul homme, elle ne pourrait légitimement imposer silence à cet homme. Il va plus loin. Ce n'est pas seulement le droit individuel, c'est l'intérêt social qui est engagé dans la question, et cela pour trois raisons. Il est possible que cette opinion isolée soit la seule vraie. — Nier cette hypothèse, ce serait attribuer au plus grand nombre l'infaillibilité; — il se peut qu'elle renferme au moins une part de vérité ; si, enfin, elle est fausse, la contradiction seule peut en faire justice.

Les *droits de la pensée,* dit M. de Girardin dans le magnifique volume publié récemment sous ce titre et formant le traité le plus complet, le plus savant, le plus éloquent qui ait jamais été écrit sur la matière, les droits de la pensée étaient moins étroitement et moins timidement compris au XVIIIe siècle qu'au XIXe, avant qu'après les trois révolutions qui, en définitive, ont laissé 1865 en arrière de 1789. (Préface,) Non-seulement cette assertion n'a rien d'exagéré ; elle est même fort au-dessous de la vérité. Le XIIIe siècle, le XIVe, le XVe et le XVIe accordaient à l'esprit des immunités qu'on ne lui reconnaît plus guère. Raoul de Presles et Guillaume d'Occam ne sont pas moins audacieux que M. Proudhon ou M. de Girardin. « L'Église fut longtemps libérale, dit M. Édouard Laboulaye, et ne s'effraya pas de la liberté. Rien de plus libre, par exemple, que cette turbulente Université de Paris, où l'on accourait de toute l'Europe pour remuer les problèmes les plus téméraires. Au temps de Gerson, l'enseignement était d'une hardiesse excessive, et l'Université plus indépendante qu'on ne le permettrait aujourd'hui. » Mme de Staël n'a-t-elle pas dit fort justement qu'en France c'est le despotisme qui est nouveau et la liberté qui est ancienne! Rien d'admirable comme le mouvement libéral qui a précédé la convocation des états-généraux, et l'accord unanime sur ce point de tous les *cahiers!* je lis, par exemple, dans l'article 21 des cahiers de la noblesse du Poitou : « La liberté *indéfinie* de la presse sera établie par la suppression de la censure, à la seule charge par l'imprimeur d'apposer son nom à tous les ouvrages. »

Ainsi, au seuil même de 1789, on prononçait déjà le mot de cette liberté illimitée que nos révolutions ne devaient pas connaître un seul jour, et qui depuis lors n'a pas cessé d'être attaquée par les mœurs quand elle n'était pas combattue par les lois. Il nous faut aller jusqu'en Prusse pour trouver, greffée sur la monarchie absolue de Frédéric-le-Grand la liberté absolue de M. Émile de Girardin. « Un Anglais pense tout haut, avait dit le vainqueur de Rosbach ; un Français ose à peine laisser soupçonner sa pensée ; » il voulut qu'un Prussien pût penser plus librement encore qu'un Anglais. Il laissa à la presse la liberté la plus absolue, et ne permit jamais qu'on exerçât les moindres poursuites, même contre les libelles les plus odieux. Voyant un jour de sa fenêtre beaucoup de monde assemblé auprès d'une affiche satirique dirigée contre sa personne, il se contenta de la faire placer plus bas, afin qu'on pût mieux la lire ! Il voulait la liberté, lui athée, même pour les jésuites, qu'il accueillit généreusement dans ses États après leur expulsion de tous les pays de l'Europe. Dois-je rappeler de quelle manière fut rédigé le *Code général pour les États prussiens*? En 1780, une commission, formée des hommes les plus éclairés, se réunit pour préparer ce travail, de concert avec le grand-chancelier. Pour y laisser à désirer le moins possible, *on le communiqua d'abord au public* sous la forme d'un simple projet, dont les diverses parties furent publiées successivement dans les années 1784 et 1786. Voici comment s'exprimait à cette occasion le grand-chancelier : « Ce livre concerne les intérêts les plus importants du public; il est donc juste de rassembler les voix sur sa rédaction. Il est d'ailleurs parmi les étrangers des hommes d'un grand mérite, versés dans l'étude de la législation, auxquels je ne saurais m'adresser directement et des lumières desquels je désirerais profiter... Je remets ce projet d'un Code général des États de la monarchie prusienne, entre les mains du public, *invitant et pressant tous les membres de la république des lettres, tant régnicoles qu'étrangers, de lui faire subir un examen sincère, rigoureux et entièrement libre...* »

Dans l'éloquente lettre à M. Rouher qui sert d'introduction aux *Droits de la pensée*, lettre dont j'ai donné plus haut la péroraison (chapitre II), M. de Girardin fait successivement justice du *régime préventif*, du *régime répressif* et du *régime restrictif*. Il nie l'utilité et la raison d'être de toute loi quelconque sur la presse, d'accord en cela avec M. le duc de Broglie qui disait dans son mémorable rapport de 1819 :

« Il n'y a point de loi à faire sur la liberté de la presse, parce que cette liberté existe par elle-même, et qu'aucune loi d'ailleurs ne possède la vertu de créer et de mettre en activité la liberté.

» Il n'y a point de loi à faire sur les délits de presse, parce que ces délits n'existent pas, du moins comme délits d'une nature particulière ; parce que le législateur ne doit point multiplier les qualifications sans raison, ni constituer des distinctions là où la nature n'en avait pas mis avant lui. »

En dépit de ces sages paroles, on n'a pas fait,

depuis le jour où elles étaient prononcées, moins de trente-cinq lois, ordonnances, décrets, sur la presse!

M. de Girardin montre avec une logique irrésistible les dangers et les inconvénients : 1° de l'*avertissement*, qui amoindrit le gouvernement et agrandit le journal frappé ; 2° de l'*autorisation préalable*, imposée par la loi du 21 octobre 1814, supprimée par la loi du 9 juin 1819, de nouveau imposée par la loi du 31 mars 1820, de nouveau supprimée par la loi du 18 juillet 1828, de nouveau imposée par l'une des ordonnances du 25 juillet 1830, mais restée sans exécution, et qui n'existait plus depuis vingt-quatre ans lorsqu'elle fut rétablie par le décret du 17 février 1852 ; 3° des *poursuites judiciaires*, qu'elles soient soumises aux tribunaux correctionnels, ou déférées au jury, auquel l'auteur ne tient pas du tout, qu'il considère comme une loterie plutôt que comme une garantie ; 4° des *priviléges d'imprimeur* et des *brevets de libraire*, ces vestiges de l'ancien régime, devenus une véritable anomalie dans un temps qui a proclamé la liberté de tous les commerces et de toutes les industries ; 5° du *cautionnement*, dont l'idée appartient à M. Raynouard, député, rapporteur du projet qui est devenu la loi du 21 octobre 1814 ;

du cautionnement qui n'existe ni en Amérique, ni en Angleterre, ni en Belgique, ni en Hollande, ni en Suisse, et que le Prince Louis-Napoléon s'était empressé de supprimer dans son projet de constitution rédigé en 1832; 6° du *timbre*, qui n'existe ni en Angleterre, ni en Belgique, ni en Hollande, ni en Suisse, ni en Allemagne, ni en Espagne, ni en Italie, ni en Amérique; 7° de la *signature obligatoire*, qui date de la loi de l'an IV; du *communiqué* qui n'est que le droit de réponse appliqué au gouvernement. Or le droit de réponse, entre les mains des particuliers comme entre les mains du gouvernement, est une arme peu efficace.

La suppression de l'autorisation préalable, des priviléges d'imprimeur, du cautionnement, et le remplacement du timbre par une augmentation du droit de poste, porté à dix centimes : tels seraient les moyens de *décentraliser la presse*, la presse à la puissance de laquelle ne croit point M. de Girardin, et qui n'est à ses yeux qu'un baromètre, un thermomètre, une boussole. On s'est beaucoup élevé, à tort selon moi, contre cette théorie de l'impunité des journaux basée sur leur impuissance. Ce que M. de Girardin a dit des journaux est vrai de toutes les œuvres de l'esprit; elles constatent ce qui est bien plus qu'elles n'exercent une action sérieuse sur ce qui doit être. Ce sont les mœurs qui font la littérature; ce n'est point la littérature qui fait les mœurs. Les arts et la littérature ne sont pas des causes, mais des effets; non des rayons, mais des reflets. Les poëtes, les romanciers, les journalistes, les artistes, sont d'humbles sténographes, de modestes secrétaires, qui écrivent, peignent, sculptent sous la dictée de leur temps. La réaction qu'ils peuvent exercer à leur tour sur la société, est bien faible, sinon absolument nulle. L'art, sous toutes ses formes, est aussi impuissant que la presse; la presse est aussi impuissante que la législation. Les idées s'imposent aux écrivains comme les lois s'imposent aux législateurs. L'art, la littérature, la presse, le journalisme, sont des *forces*; ce ne sont pas des *puissances*.

En résumé, M. de Girardin comprend, dans ce qu'il appelle la *liberté indivisible*, toutes les libertés : la liberté de penser, la liberté de la presse, la liberté de réunion, la liberté d'association, la liberté d'enseignement, la liberté de l'impôt, la liberté du travail, la liberté du mariage, la liberté des cultes; il demande la liberté du vrai et la liberté du faux, la liberté du bien et la liberté du mal.

> Les épées se transformeront en socs de charrue, les lances en faucilles; les lions, les agneaux, les loups, les tigres, paîtront ensemble, les enfants les conduisant dans la plaine. Isaïe.

LA PAIX. — La liberté a une sœur jumelle dont elle est inséparable, sans laquelle elle ne peut pas vivre, c'est la paix. Paix et liberté : tel est le mot d'ordre de M. Émile de Girardin, telle est la devise que nous retrouvons dans tous ses écrits, et qui a servi de titre à l'un de ses derniers volumes. Il n'a pas combattu le risque de guerre avec moins de persistance et moins d'énergie que le risque d'oppression, que le risque de révolution. Ses premiers efforts sur ce sujet datent de 1838, et de ses *Vues nouvelles sur l'application de l'armée aux grands travaux d'utilité publique*. En 1844, il demande l'abolition du recrutement obligatoire ; en 1848, il fait signer dans les bureaux de *la Presse* une pétition au gouvernement provisoire : plus de conscription ! plus de loterie des hommes ! plus de remplaçants ! plus de traite des blancs ! plus d'esclavage militaire ! L'armée doit être réduite comme en

Angleterre, au 200ᵉ de la population, et ne se composer plus que de 175 mille volontaires de seize ans au moins. L'un des premiers, sinon le premier, il a préconisé, comme une règle absolue, le principe de non-intervention. « Jamais d'intervention, sous aucun nom, sous aucune forme, sous aucun prétexte : telle est notre politique étrangère, ou plutôt celle dont Washington recommandait l'adoption au peuple des États-Unis dans son *adresse d'adieu* du 17 décembre 1796... On oppose à chaque instant ces deux mots : Influence autrichienne, influence française ! Ces trois syllabes : *influence*, nous coûtent plus d'un million par jour ; que nous rapportent-elles ? » (9 juin 1849.) En avril 1848, le *Moniteur de l'armée* disait : *On naît militaire* en France. Deux mois ont suffi pour faire de la garde nationale mobile une troupe prête à marcher, si l'Europe venait nous attaquer. *La Presse* lui répond : s'il en est ainsi, pourquoi donc arracher violemment, chaque année, à l'agriculture ses bras les plus robustes, à la France ses fils les plus rangés, pour les tirer à la loterie ?

Je n'ai jamais entendu qu'un seul discours de M. de Girardin ; c'est celui qu'il lut au congrès de la paix, réuni en août 1849 sous la présidence de

M. Victor Hugo, et qui fut accueilli par quatre salves de hurrahs dont M. Cobden donna le signal. « Avec la moitié de ce que coûte la guerre en Europe, disait-il, on y ferait disparaître la misère. » La guerre absorbe à elle seule le tiers du revenu général de tous les États, grands ou petits, et cela, en pleine paix. Les dépenses militaires de la France se sont élevées entre 1831 et 1849, en dix-huit années, à 6 milliards 850,479,000 ! Ces armements gigantesques en temps de paix sont un fait tout récent, et l'on ne trouve rien d'analogue dans l'antiquité et au moyen-âge. L'institution de la permanence des armées date de 1444; elle eut pour origine un traité d'alliance conclu avec les cantons suisses par le dauphin, fils de Charles VII. En 1600 aucune puissance n'avait encore ni armée permanente ni système militaire régulier. De 1600 à 1609 les troupes de Henri IV n'excédaient pas 6,700 hommes, et la garnison la plus nombreuse, celle de Calais, n'avait qu'un effectif de 400 soldats. Les dépenses totales de la guerre ne montaient qu'à 6 millions de francs, équivalant à 13 millions d'aujourd'hui. C'est de 1635 que date l'organisation de l'infanterie en bataillons et de la cavalerie en escadrons. Le tirage au sort n'a été institué qu'en 1701. Il suffisait pour s'en exempter, de payer une somme de 75 francs. Louis XIII n'avait que 60,000 soldats; l'empereur Ferdinand Ier 30,000 seulement. Louis XIV en entretint 220,000, et jusqu'à 360,000 pendant la guerre de la succession; l'empereur Charles VI en eut 170,000 dans la guerre de 1733. « En 1683, dit Frédéric II, Louis XIV leva le plus de troupes qu'il put, pour avoir sur ses adversaires coalisés une supériorité décidée. Après la paix il ne fit aucune réforme, ce qui obligea les puissances de l'Europe à garder sur pied autant de soldats qu'ils en pouvaient payer. Cette coutume, une fois établie, se perpétua dans la suite. » Ainsi c'est à la France que revient le triste honneur d'avoir imaginé des armées de quatre cent mille hommes en temps de paix. N'est-ce pas à elle qu'il appartient de prendre l'initiative d'un désarmement partiel?

En 1792, notre effectif n'était que de 160,232 hommes, dont 139,500 sous les armes. En l'an VI, le budget de la guerre était de 95 millions; en 1818, de 240 millions; il atteint aujourd'hui avec celui de la marine, près de 700 millions ! Le chiffre des appels faits de 1792 à 1814, s'élève à 4 millions 556,000 hommes; Napoléon, pour sa part, a prélevé par la conscription 2 millions 476,000 hommes ! A quoi ont abouti toutes ces levées ? A nous obliger à payer aux étrangers, de 1815 à 1817, une indemnité de UN MILLIARD NEUF CENT QUATRE-VINGT-QUATORZE MILLIONS HUIT CENT MILLE FRANCS ! Tel est le bilan de la guerre. La fameuse guerre de *Sept Ans* (1756-1763) qui n'en a en réalité duré que cinq, nous présente un total de 886 mille hommes tués. Depuis le quinzième siècle avant Jésus-Christ jusqu'en 1863, on a compté approximativement 151 millions d'hommes tués dans les combats [1]. N'est-ce pas l'occasion de rappeler le mot d'Érasme qui sert d'épigraphe au livre 11 de la *Politique universelle* ? « Un seul meurtre fait un scélérat ; des milliers de meurtres font un héros. » Ces 151 millions de victimes représentent environ 600 héros ! N'est-ce pas le cas de citer aussi ce curieux passage de La Bruyère ?

« Si l'on vous disait que tous les chats d'un grand pays se sont assemblés par milliers dans une plaine, et qu'après avoir miaulé tout leur saoûl, ils se sont jetés avec fureur les uns sur les

---

1. Voir à ce sujet les *Lettres sur la philosophie de l'histoire*, par Odysse-Barot. Lettres II, III, IV et V. Un vol. in-18. Librairie Germer-Baillière.

autres, et ont joué ensemble de la dent et de la griffe ; que, de cette mêlée il est demeuré, de part et d'autre, neuf à dix mille chats sur la place, qui ont infecté l'air à dix lieues de là par leur puanteur, ne diriez-vous pas : Voilà le plus abominable sabbat dont on ait jamais entendu parler ! Et si les loups en faisaient de même, quels hurlements ! quelle boucherie ! et si les uns ou les autres vous disaient qu'ils aiment la gloire, ne ririez-vous pas de tout votre cœur de l'ingénuité de ces pauvres bêtes ? »

Donc, plus de guerre, plus de conquêtes ! A ceux qui prétendent que tout ce qui a existé dans le passé existera dans l'avenir, M. de Girardin rappelle : l'anthropophagie des Caraïbes et les sacrifices humains des druides; l'esclavage considéré comme légitime par le plus grand philosophe de l'antiquité ; le droit de vie et de mort des pères sur leurs enfants, des maris sur leurs femmes ; les codes barbares qui tout récemment encore punissaient de la peine capitale de simples délits... La guerre disparaîtra comme a disparu l'anthropophagie, comme a disparu l'esclavage, comme est en train de disparaître la peine de mort elle-même.

Il y aurait un moyen facile, disait naguère la

Presse, de réduire considérablement les risques de guerre, ce serait de réduire considérablement le chiffre des contingents. De même que plus on accumule de matières inflammables sur un point donné, et plus on accroît les risques d'incendie, de même plus les armées sont nombreuses, plus sont grands les risques de guerre; la paix armée est presque toujours la paix troublée. Il faut élever la paix à la hauteur d'un principe non moins inviolable que la liberté. Il faut abandonner la petite politique pour la grande politique. La petite politique est celle qui a pour grands ministres Richelieu, Mazarin; la grande est celle qui leur préfère Sully et Turgot. La petite politique est celle qui se résume dans ces mots : guerre, conquêtes, frontières, gloire, force, mystère, autorité, alliances. La grande est celle qui se traduit ainsi : Paix, échanges, circulation, crédit, raison, publicité, liberté, réciprocité...

Que certains États, d'abord, forment entre eux une assurance commune et mutuelle contre le risque de guerre territoriale et maritime; qu'ils entretiennent, à peu de frais pour chacun d'eux, une armée et une marine; et tous les autres États viendront forcément grossir cette confédération. Le jour où la majorité des nations y seraient entrées, la guerre deviendrait presque impossible.

Si forte, en effet, que l'on suppose une fraction, elle sera toujours moindre qu'un entier. Ce que seize princes ont pu faire le 12 juillet 1806, sous le nom d'*États confédérés du Rhin ;* ce que le 8 juin 1815, trente-huit États ont pu faire sous le nom de confédération germanique, pourquoi quelques princes et quelques États de plus ne le feraient-ils pas? Est-ce que tous les peuples, non seulement de l'Europe, mais du monde entier, ne tendent pas à se rapprocher pour n'en plus former qu'un seul? Schiller remarque avec raison, dans son *Histoire de la guerre de Trente Ans*, que la grande réforme du XVI° siècle eut pour effet de rapprocher tout d'un coup les uns des autres, des peuples qui se connaissaient à peine, et de les unir étroitement par des sympathies nouvelles. On vit alors, en effet, des Français combattre contre des Français, tandis que des Anglais leur venaient en aide; des hommes nés au fond de la Baltique pénétrèrent jusqu'au cœur de l'Allemagne pour y protéger des Allemands, dont ils n'avaient jamais entendu parler jusque-là. La Révolution a produit un résultat analogue. Elle n'a pas eu, comme le fait observer très-judicieusement M. de Tocqueville, de territoire propre. Bien plus, son effet a été d'effacer en quelque sorte de la carte toutes les anciennes frontières. On l'a vue rapprocher ou diviser les hommes, en dépit des traditions, des caractères, de la langue; rendant parfois ennemis des compatriotes et frères des étrangers; ou plutôt « elle a formé au-dessus de toutes les nationalités particulières une patrie intellectuelle commune dont les hommes de toutes les nations ont pu devenir citoyens [1]. »

C'est à cette patrie intellectuelle commune, entrevue déjà par Frédéric-le-Grand, qui la consultait sur la rédaction de son Code, que M. de Girardin confie le soin d'établir une commune patrie politique. Chimère, dira-t-on, paradoxe, utopie! Tertullien, aussi, considérait comme une chimère l'expansion universelle de la religion chrétienne; il était convaincu que si l'Empire romain venait à tomber, le monde finirait. Origène, au contraire, avec la hardiesse et le génie d'un Grec, envisageait bien autrement l'avenir. Lui seul en son temps osa prévoir que le christianisme pourrait devenir la croyance universelle sans que la terre et les cieux en fussent ébranlés.

---

[1]. *L'ancien régime et la Révolution*, par Alexis de Tocqueville.

IX

LES IDÉES

III

IDÉES ÉCONOMIQUES ET SOCIALES

IX

LES IDÉES

III

IDÉES ÉCONOMIQUES ET SOCIALES

L'IMPOT. — Le meilleur livre de M. Émile de Girardin, c'est incontestablement son Traité de l'Impôt, dont la réimpression dans les *Questions de mon temps* forme la septième édition. C'est le seul qui ne laisse aucune prise à la critique la plus sévère, et qui ne présente pas la moindre trace d'indécision. Ici, rien d'aventureux et de hasardé; tout est précis, concluant; on sent que l'auteur marche sur un terrain solide. Si audacieuse que soit sa thèse, elle force l'admiration des conservateurs les plus timides! Cette théorie dont Proudhon disait en novembre 1849 : « Elle est cent fois plus radicale que la loi agraire, » voici comment la juge M. Louis Véron : « M. de Girardin a exposé dans des *termes dangereusement habiles* les avantages qu'il attribue à un impôt unique et volontaire. » J'ai bien peur que l'habileté soit tout entière dans la vérité des choses.

L'ouvrage se divise en deux parties, la partie historique et la partie dogmatique.

Après avoir étudié la fiscalité dans les Gaules sous les empereurs romains, puis sous le régime féodal, sous le régime monarchique du XII⁵ au XVII⁵ siècle, et du XVII⁵ au XVIII⁵, enfin, pendant la Révolution, il nous montre l'impôt, tel qu'il existe aujourd'hui, et jamais on n'en a plus admirablement mis en lumière tous les vices. Quoique simplifié, notre mode fiscal est le même qu'avant 1789. C'est toujours la confusion des taxes ; c'est la même promiscuité de systèmes qui s'excluent ; c'est le même mensonge légal.

Tantôt l'impôt a pour assiette le *capital* et tantôt le *revenu;* tantôt la *personne* et tantôt la *chose;* tantôt la *production* et tantôt la *consommation;* tantôt les *matières premières* et tantôt les *matières ouvrées*.

Tantôt, il est *proportionnel*, relativement à la fortune; et tantôt *progressif*, relativement à la misère. C'est une véritable anarchie. Des impôts d'autrefois il n'y a de changé que le nom. Nous vivons sous l'empire de presque tous les procédés bursaux de l'ancien régime. Taille, capitation, aides, douanes, gabelles; droits de contrôle, d'insinuation, de greffe; monopole du tabac, bénéfices exagérés sur le service des postes et la vente de la poudre; loteries, corvées, logement des gens de guerre, octrois, péages : tout cela subsiste encore et n'est pas devenu moins onéreux pour les peuples ni plus productif pour le trésor.

Ce n'est pas d'hier que M. de Girardin a déclaré la guerre à cet état de choses, et qu'il cherche à substituer l'ordre à ce désordre, la science à cet empirisme, la justice à cette iniquité permanente, incessante, de tous les jours, de tous les instants[1]; la franchise à cettte hypocrisie, la vérité à ce mensonge, l'unité à cette multiplicité. Dès le 2 octobre 1843, il écrivait dans la *Presse* : « Nous verrons

[1]. Un décret du 7 thermidor an III avait imposé : les cheminées, les poêles, les domestiques mâles, les chevaux et les meubles de luxe, les voitures suspendues, les objets de literie, etc.

16.

l'impôt direct changer de caractère, peser moins et produire plus, acquitté sans contrainte et considéré par les contribuables comme un bienfait. La perception de l'impôt se confondra dans le paiement de la prime qui les garantira contre tout risque d'incendie, de grêle, d'inondation, d'épizootie. » le 24 février 1846, il revenait sur le même sujet ; et le 4 mars 1848 : « le nom d'impôt est destiné à disparaître du vocabulaire de la politique nouvelle. Il ne doit plus y avoir de *contribuables*, il ne doit y avoir désormais que des *assurés*. » Le 13 août, il développait devant le général Cavaignac les mêmes idées économiques.

Ces idées manquent-elles d'antécédents dans le passé ? n'ont-elles d'autres répondants que l'éminent publiciste qui s'en fait le champion? Ce ne serait pas là une raison décisive; mais il n'en va point ainsi. M. de Girardin comprend l'impôt, comme le concevait Vauban, l'immortel auteur de *La dixme royale;* comme le ménageait Colbert, comme le décrivait Montesquieu : «Les revenus de l'État sont une portion que chaque citoyen donne de son bien pour avoir la sûreté de l'autre, pour en jouir agréablement [1]; » comme le comprenait

---

[1]. *Esprit des lois*, l. II.

Turgot : « l'impôt n'est pas une charge imposée par la force à la faiblesse. Les dépenses du gouvernement ayant pour objet l'intérêt de tous, tous doivent y contribuer, et plus on jouit des avantages de la société, plus on doit se tenir honoré d'en partager les charges ; » comme l'exposait le marquis de Mirabeau dans sa *Théorie de l'impôt;* comme le grand Mirabeau lui-même le définissait : « l'impôt ne sera plus qu'une *avance* pour obtenir la protection de l'ordre social; » comme l'imaginaient Necker, Adam Smith, le marquis d'Audiffret; comme le représentait si éloquemment Napoléon III :

« ... Le prélèvement de l'impôt peut se comparer à l'action du soleil qui absorbe les vapeurs de la terre pour les répartir ensuite à l'état de pluie sur tous les lieux qui ont besoin d'eau pour être fécondés et pour produire. »

Les Français sont égaux devant la loi ; les capitaux sont égaux devant l'impôt.

L'impôt unique établi en principe, il doit être obligatoire en fait, volontaire en droit.

Comme l'impôt unique, l'impôt *volontaire* se présente sous d'illustres patronages. Vauban l'admettait ; Boisguillebert l'avait pressenti dans son *Fac-*

tum de la France; Law l'avait essayé : « Law, dit M. Pierre Clément, membre de l'Institut, tenta de réaliser le système d'un impôt unique qu'avait rêvé Vauban ; il voulait remplacer les taxes multiples par un *denier royal*, proportionnel aux facultés de chacun. Ce programme eut un commencement d'exécution dans l'élection de Saintes, où deux cent soixante-dix paroisses furent inventoriées par l'intendant de La Rochelle..... » Turgot avait entrevu ses avantages, et Linguet les avait exposés en 1780 dans son livre sur *l'impôt territorial*. Mirabeau, le 3 novembre 1789, devinait l'impôt volontaire et le nommait en toutes lettres; J.-B. Say l'acceptait dans son *Traité d'économie politique* (t. III, ch. IV).

M. de Girardin se demande ensuite sur quelle base il doit être assis. Après avoir successivement discuté et écarté l'assiette sur la consommation et l'assiette sur le revenu, il se prononce catégoriquement pour l'impôt sur le capital, qui, établi en 1427 à Florence, sous le nom de *Catasto*, par Philippe de Diaceto, y a produit les meilleurs résultats, et qui fonctionne très-bien à la Louisiane, où il a été adopté, il y a seize ans, ainsi qu'à Odessa, où les bourgeois russes paient au gouvernement *un pour cent* sur ce qu'ils possèdent. Ce sont les imposés eux-mêmes qui donnent le chiffre de la répartition, la taxe étant fixée d'après leur propre déclaration. C'est là l'impôt tel que le désirait M. de Bonald : « Je concevrais, dit-il, la liberté publique dans *l'octroi volontaire* de l'impôt, s'il y avait dans chaque commune un tronc où chacun, suivant ses facultés ou ses besoins, allât déposer au profit de l'État le fruit de ses épargnes. » L'unité de taxe compte encore un auxiliaire qui n'est point à dédaigner, c'est le grand Frédéric écrivant à Voltaire, le 4 décembre 1775 : « Je vous félicite, mon cher Voltaire; on m'asssure que vous êtes devenu directeur des impôts dans le pays de Gex; que vous réduirez toutes les taxes *sous un seul titre*, et que l'exemple donné par vous de cette simplification sera introduit dans toute la France. » Enfin Babeuf, qui avant de devenir le chef des *Égaux*, d'établir une secte communiste et de rédiger *le Tribun du peuple* ; avant d'organiser le complot le plus admirablement ourdi et le plus misérablement éventé qu'on ait jamais vu, — la conspiration de Floréal, — avait émis des idées économiques fort sages, et collaboré avec le marquis d'Audiffred, Babeuf, dans la préface de son *Cadastre perpétuel*, publié en 1788,

Babeuf, devançant d'un demi-siècle la conception de notre contemporain, assimile, le premier, l'impôt à l'*assurance*. Voilà, à coup sûr, un précurseur, auquel ne s'attendait guère M. Emile de Girardin !

L'impôt doit donc devenir volontaire, comme l'emprunt ; il le deviendra. L'emprunt forcé, songeons-y, ne remonte pas si haut que nous ayons pu l'oublier déjà : qu'on se rappelle l'emprunt forcé d'un milliard décrété le 3 septembre 1793, et l'emprunt forcé de l'an VII, sous le directoire ! L'impôt doit être la prime d'assurance payée par ceux qui possèdent, pour s'assurer contre tous les risques de nature à les troubler dans leur possession ou leur jouissance. Cette prime doit être proportionnelle, d'une exactitude rigoureuse, et ne se baser que sur la déclaration et l'estimation de l'assuré lui-même. Quant à la sincérité de cette déclaration, à la bonne foi de cette estimation, elles sont garanties par le droit de préemption reconnu à l'État — moyennant le payement d'un dixième en sus de la valeur déclarée. — La préemption universelle est le corollaire indispensable de l'assurance universelle : c'est le droit d'expropriation pour cause de sincérité publique.

J'aurais bien des réserves à faire sur ce point, et je regrette qu'il me reste à peine assez d'espace pour les indiquer. Il me semble que notre auteur ne tient pas assez de compte du droit de propriété, et qu'il glisse sans s'en apercevoir sur la pente du communisme. Il identifie trop volontiers la propriété avec sa valeur vénale, sans se préoccuper de sa valeur extrinsèque, de sa valeur morale. Que deviendrait avec votre faculté universelle de rachat le moulin du meunier de Sans-Souci ? Que devient la religion des souvenirs ? Que devient la passion amoureuse du paysan pour sa terre ? Je sais bien que les chemins de fer ont déjà quelque peu *Haussmannisé* la France; ils ne l'ont pu faire, du moins, que dans une mesure restreinte, et d'ailleurs l'utilité générale, ici, ne saurait être douteuse. Que serait-ce le jour où un simple soupçon de mauvaise foi exposerait chaque propriétaire à se voir chasser de la maison où il est né, où est morte sa mère, où ses enfants ont vu le jour ! On a déjà trop abusé de la loi d'expropriation; ne l'universalisons pas. Ce serait la négation de la plus précieuse de toutes les libertés, la liberté du foyer domestique; ce serait un trop déplorable empiètement du pouvoir indivis sur le pouvoir individuel, ou plutôt ce serait l'absorption totale de celui-ci dans celui-là.

J'ai dit dans le précédent chapitre, qu'il manque à M. de Girardin le sens de la pauvreté; il n'a pas davantage la notion de la propriété. « J'appelle propriété, dit-il [1], tout ce que la langue économique appelle capital. Je ne vois pas de différence entre la propriété terrienne et la propriété industrielle, ou la propriété scientifique, littéraire, artistique. La terre est ce que j'hésiterais le plus à appeler propriété. Considérée comme propriété assise sur le *produit net*, elle n'a de valeur vénale et productive que celle qu'elle emprunte au régime arbitraire de la protection…. A mes yeux, la propriété personnelle, la propriété industrielle, la propriété terrienne tirent leur existence de la même origine : *l'utilité individuelle* LÉGITIMÉE PAR L'UTILITÉ PUBLIQUE. »

LÉGITIMÉE PAR L'UTILITÉ PUBLIQUE ! Ai-je bien lu ? Est-ce M. Émile de Girardin qui a écrit cela ? N'est-ce pas plutôt Lycurgue ou M. Cabet ? N'est-ce point une page du *Voyage en Icarie*, égarée par hasard dans les œuvres du directeur de la *Presse* ?

---

[1] *La politique universelle*, livre IX.

N'est-ce point un fragment fourvoyé de quelque discours de Saint-Just? LÉGITIMÉE PAR L'UTILITÉ PUBLIQUE ! Cela ne se pourrait-il point traduire en latin par : *Salus populi suprema lex esto ?* Est-ce bien M. Émile de Girardin qui place *l'État* avant *l'individu*, la *liberté individuelle* au-dessous du *pouvoir indivis*, et qui arbore le drapeau d'une sorte de droit divin de *l'utilité publique?*

Toutes les terres appartiennent au roi, disait le droit ancien; toutes les terres appartiennent à l'État, dit tacitement M. de Girardin : *La préemption universelle est ce qui permettra de réaliser la propriété universelle*. Ailleurs, partant de cette idée fausse que le morcellement extrême de la propriété foncière est nuisible au progrès agricole, il ne parle de rien moins que de mettre en actions le *sol de la France entière*. Je dis : *idée fausse*, et je le dis avec un agronome éminent dont l'autorité et la compétence ne sauraient être contestées. M. Moll, professeur d'Agriculture au Conservatoire des arts-et-métiers, directeur de l'une de nos fermes-écoles les plus importantes, M. Moll ne manque jamais, chaque année, dans ses cours, de réagir contre ce préjugé, et de prouver par des faits que le régime de la petite propriété est bien plus favorable que le système des grandes exploitations aux progrès et aux perfectionnements de tous les genres de culture.

Que M. de Girardin me permette de le lui dire en finissant : il a trop vécu à Paris et pas assez en province ; trop dans l'avenue des Champs-Élysées, pas assez dans les plaines de la Beauce ou dans les pâturages du Poitou ou du Bocage normand ; trop dans le cabinet, pas assez dans la nature ; trop dans les salons, officiels ou non officiels, pas assez dans les fermes. Il a trop souvent causé avec des hommes d'État, des journalistes, des capitalistes, des diplomates ; trop rarement avec des paysans, des petits propriétaires, des artisans, des petits commerçants. Il connait très-bien l'ouvrier des grandes villes, qui ne possède que son salaire ; il ne connait pas du tout l'ouvrier des petites localités, qui habite sa propre maison et boit le vin de sa propre vigne. Il fréquente trop le monde et pas assez l'humanité. Or, pour connaitre les hommes il les faut prendre sur le vif. Un étranger qui ne verrait de la France que Paris, et de Paris que le Grand-Hôtel, l'Opéra, le Palais-Royal, le boulevard Montmartre, ne connaîtrait pas la France et ne pourrait pas en parler comme en parlait Arthur Young, ce profond observateur, ce voyageur de génie, qui de 1787 à 1790 parcourut notre pays, un bâton à la main. Que M. Émile de Girardin fasse comme l'Anglais Arthur Young — au bâton près. — Qu'il étudie *de visu* la véritable France, avec ses instincts, ses sentiments, ses défauts, ses antipathies et ses sympathies, ses préjugés superficiels, faciles à extirper, ses tendances profondément enracinées et indestructibles ; qu'il essaie cette sérieuse enquête, et je suis sûr qu'il verra ses idées se modifier sur bien des points.

LE DROIT DU TRAVAIL. — « Un océan nous sépare. Vous croyez encore au vieux monde : je crois au monde nouveau. Vous faites passer le riche avant le pauvre : je fais passer le pauvre avant le riche. Vous êtes Malthus déguisé en saint Vincent de Paule. » M. de Girardin, qui s'exprimait ainsi dans ses Lettres à M. Thiers sur l'Abolition de la misère, ne ressemble, lui, ni à Malthus ni à Vincent de Paule. Il ne veut pas plus de la *charité* de celui-ci que de la *contrainte morale* de celui-là. L'une et l'autre lui paraissent également anormales, également impuissantes. Résoudre le problème du paupérisme en le perpétuant par l'aumône ; supprimer la misère en étouffant dans son germe le misérable : ce sont là deux solutions non moins inhumaines l'une que l'autre, proposées par deux nobles cœurs également dévoués à l'humanité. Le saint et le penseur sont tombés dans deux ornières parallèles. Le premier croit guérir le malade en éternisant la suppuration de la plaie ; le second ne trouve rien de mieux que de tuer le patient pour l'empêcher de souffrir. La charité est un vésicatoire perpétuel ; la contrainte morale, une saignée impitoyable. Le remède de Malthus, c'est une sorte de Massacre des Innocents anticipé ; le remède de Vincent de Paule n'est guère plus efficace que le procédé imaginé contre l'esclavage des Indiens par le vertueux évêque d'Aréquipa. La traite des nègres de Las Casas a produit les cinq millions d'esclaves dont l'Amérique est peuplée ; les tours de Vincent de Paule, les sept cent mille enfants trouvés qui vivent au milieu de nous.

Aux recettes empiriques de Malthus et de Vincent de Paule je préfère l'ordonnance médicale de M. Émile de Girardin. Au lieu de tarir le sang dans sa source ou de le décomposer en humeurs malsaines, il veut le régénérer par la cautérisation de la plaie. N'est-il pas plus sage de rétablir la santé que de nourrir la maladie ou de supprimer le malade?

M. Marbeau évalue au *sixième* de la population totale de la France, à *six millions*, le nombre des habitants qui ont besoin d'être secourus en temps ordinaire, et parmi lesquels on ne compte pas moins de 1,200,000 indigents reconnus (adultes). A quoi servent donc nos 10,000 établissements de bienfaisance, dont la dépense s'élève à 120 millions de francs ?

En 1847, il y avait à Paris, sur une population de 945,721 habitants, 66 mille indigents inscrits, 15,000 pauvres honteux, 400 mille affamés. Il meurt par an de froid et de faim près de 300 personnes. Le budget général de la charité dans tout l'empire s'élève à la somme énorme de 250 millions; et pourtant le pauvre secouru à domicile ne reçoit en moyenne qu'un *sou par jour*. N'est-ce pas la condamnation sans appel de la charité ?

A l'aumône substituons : d'une part, l'élévation des salaires; de l'autre, les institutions de prévoyance. Gain suffisant, épargne; *droit du travail*, *assurance* contre les risques de chômage et de vieillesse : tels sont les deux termes du problème.

Nous appelons : *Droit du travail*, un salaire dont le taux permette à chaque homme de satisfaire à ses besoins et à ses devoirs ; de se suffire à lui-même et de nourrir sa femme, ses enfants, ses père et mère ; de subvenir aux dépenses de logement, d'habillement, d'éclairage, de blanchissage, de chauffage, d'entretien, de sa famille ; de se prémunir contre les cas de chômage, de maladie ; de se ménager enfin des ressources pour le jour où le repos lui sera devenu nécessaire. Pour aucun labeur, dans aucune industrie, le taux du salaire ne peut être inférieur au chiffre total des frais indispensables de tout ménage composé de quatre ou cinq personnes. Si l'État a bien eu le droit de fixer un maximum aux heures de travail, il a l'obligation de fixer aussi un minimum au salaire.

Le travail des femmes est interdit, ainsi que celui des enfants au-dessous de seize ans. La place de la femme est à son foyer, celle de l'enfant à l'école. L'heure est substituée à la journée, comme unité de temps. Sur le gain de chaque heure, il est prélevé *un dixième* pour l'assurance contre le risque de chômage ou de maladie et *un cinquantième* pour la caisse des retraites. L'homme doit s'instruire jusqu'à quinze ans, travailler de seize à quarante-cinq, et se reposer de quarante-six à soixante. En supposant un gain de cinq francs par jour ou de cinquante centimes par heure, ce double prélèvement serait de six centimes par heure, sur lesquels un centime entrerait dans la caisse des retraites. Trente années de travail à trois cents jours par an, dix heures par jour, un centime par heure, représentent une épargne de neuf cents francs, sans compter les intérêts capitalisés.

Tel est, en peu de mots, toute l'économie du système sur l'abolition de la misère, complété par la reconstruction de la libre corporation, cette sorte de commune professionnelle au sein de la commune territoriale. Plus d'aumônes, plus de sociétés de charité maternelle, plus de tours, plus de crèches, plus de salles d'asile, plus de colonies pénitentiaires, plus de sociétés de patronage, plus de dépôts de mendicité, plus de bureaux de bienfaisance, plus d'hospices ni d'hôpitaux, plus d'indigence. Pour conclusion : le bien-être universel.

LA LIBERTÉ DANS LE MARIAGE. — J'arrive à la plus audacieuse de toutes les théories du plus infatigable théoricien de notre époque. Dans l'impossibilité où je serais de lui donner ici les développements qu'elle comporte, d'étudier et de discuter un à un les arguments réunis par l'auteur dans un volume de 400 pages [1]; d'en examiner toutes les faces et de peser les diverses objections qu'ils soulèvent, je me bornerai à indiquer sommairement la question.

Frappé du nombre toujours croissant des enfants nés hors mariage, non-seulement en France, mais dans l'Europe entière; non-seulement dans les pays catholiques où le lien conjugal est indissoluble, mais aussi dans les États protestants où le divorce est permis; indigné du préjugé barbare qui fait porter à l'enfant, placé en dehors du droit commun, la peine d'une faute qu'il n'a pas commise, M. de Girardin s'est demandé si un état de choses aussi anormal pouvait et devait durer.

En France, pour 13 enfants dits légitimes on trouve 1 enfant réputé illégitime. Contre 925,423 naissances selon la loi on compte 70,043 naissances hors la loi, ce qui fait sur 37,000,000 de Français, 2 millions 840 mille bâtards !

---

1. LA LIBERTÉ DANS LE MARIAGE *par l'égalité des enfants devant la mère*, 1854, un vol. in-18.

A Paris, la proportion est bien plus forte. Sur 2 enfants, 84 centièmes, il y en a un prétendu illégitime, — plus du tiers; — à Munich, dans la très-catholique Bavière, nous arrivons presque à la moitié : 1 sur 1, 21. En Belgique : 1 sur 15,40 dans les campagnes, 1 sur 5, 60 dans les villes, 1 sur 2, 50 à Bruxelles. Les bâtards se multiplient aussi en Angleterre, dans toute l'Allemagne, en Autriche, à Naples, en Portugal, à Rome.

« Ou la bâtardise est une erreur de la loi, ou elle est une infamie de la personne. Si elle était une infamie innée, elle devrait être inhérente à l'individu maculé ; elle devrait le suivre de son berceau à sa tombe, dans tous les actes de sa vie, sans pouvoir un seul instant s'en séparer ; elle devrait être conséquemment un empêchement à ce qu'il pût jamais commander une armée, présider un tribunal, administrer un pays, être élu député et devenir ministre! Puisqu'il n'en est pas ainsi, il faut donc en conclure que la bâtardise, qui se traduit par l'inégalité civile, est une erreur de la loi, non une indignité de la personne

» Comment mettre fin à cette erreur légale ? Il n'est qu'un moyen : par le retour à la loi humaine faussée par la loi positive.

17.

» La loi humaine, c'est la liberté dans le mariage, c'est l'égalité des enfants devant la mère et leur indivisibilité.

» La loi positive, c'est l'État s'immisçant dans une convention qui ne doit relever que de la foi ou de la raison des deux parties contractantes; c'est l'État leur imposant la communauté des enfants et ne sachant à qui les attribuer dans les cas de plus en plus fréquents où il prononce la séparation du père et de la mère; c'est l'État déifiant et violant simultanément l'égalité civile; c'est l'État érigeant en article de foi légale que le crime ou le délit sont exclusivement personnels au coupable, pour aboutir à rendre responsable de sa naissance l'enfant naturel ou adultérin et à lui interdire la recherche de la paternité, punissant ainsi dans le fils, qu'il va chercher, le père qu'il prend le soin d'écarter; c'est l'État, enfin, perpétuant au sein de la société, on ne saurait dire pourquoi, une distinction arbitraire plus difficile à justifier par le raisonnement que le maintien de l'esclavage, traité maintenant parmi nous de monstruosité sociale.

» Mais heureusement la logique est aux sociétés en voie de civilisation ce que la statique est aux édifices en voie de construction. Logique et statique ont des lois qu'on n'enfreint pas impunément, car elles portent avec elles-mêmes leur sanction. Pourquoi de toutes parts la société européenne menace-t-elle de tomber en ruines? Est-ce vétusté? non; c'est inconséquence.

» Contrairement à tous les principes du droit moderne et du droit commun, le législateur français, doublement illogique, flétrit d'un main, flétrit en masse, flétrit sans jugement, flétrit avant qu'ils soient nés, toute une classe nombreuse d'hommes, tandis que de l'autre main il les admet indistinctement aux premiers rangs de l'armée, de la magistrature, de l'administration publique, jusque sur les bancs des assemblées législatives et autour de la table des Conseils de la couronne, la loi politique devançant en cela la loi civile et en étant la condamnation souveraine. »

Les mœurs sont, à cet égard, aussi arriérées que la loi civile. Celle-ci, comme toute loi, n'est que l'expression de celles-là. Elle les suit au lieu de les faire; elle serait impuissante à les changer. C'est donc le préjugé qu'il faut battre en brèche, — préjugé qui remonte aux patriarches, à l'expulsion par Abraham du fils d'Agar, Ismaël. — Or ce préjugé a déjà quelque tendance à disparaître, comme a disparu le droit d'aînesse, cette autre réminiscence hébraïque. Les enfants sont devenus égaux devant le père; le jour approche où ils seront égaux devant la mère.

Peut-être suffirait-il pour rétablir cette égalité de quelques modifications apportées au code Napoléon; et je ne vois pas bien clairement l'absolue nécessité de révolutionner de fond en comble la famille et le mariage. M. de Girardin ne propose rien moins que de rendre la femme chef de la famille, que de faire porter aux enfants le nom de leur mère, que de supprimer le mariage civil, que de remplacer la dot par le douaire, que de faire tourner d'Orient en Occident la terre qui tourne aujourd'hui d'Occident en Orient, que de mettre à droite le cœur, qui jusqu'ici a été placé à gauche. Est-ce que jusqu'en 1632, dit-il, on n'a pas nié que la terre tournât? on a cru pendant six mille ans que notre globe était le centre du monde; on est désormais convaincu du contraire. On s'imagine depuis soixante siècles que l'homme est le centre naturel de la famille; on se trompe, et le monde social doit avoir comme le monde céleste son Copernic et son Galilée. Donner le père pour fondement à la famille, c'est la baser sur la probabilité au lieu de l'asseoir sur la certitude, qui n'existe que chez la mère. Cette thèse est soutenue, je dois l'avouer, avec une force d'argumentation irrésistible, et elle a pour elle l'exemple que nous offrent presque toutes les espèces animales, et notamment les abeilles. Si dans bien des pays on a pu confier sans inconvénients à la femme les rênes de l'État, pourquoi serait-elle incapable de tenir utilement les rênes de la famille ? Est-ce qu'en fait, dans la plupart des ménages, elle ne gouverne pas autant qu'elle règne ?

A cette objection : *Quel sera le rôle des pères?* l'auteur répond : « Ce rôle sera ce qu'il est et ce que la loi a trouvé juste qu'il fût relativement aux deux millions huit cent mille enfants à qui elle interdit la recherche de la paternité. » Cette réponse, je le déclare, ne me satisfait pas, et il serait facile de lui opposer le dilemme suivant :

Ou bien *ce qui est, ce que la loi a fait* relativement à ces deux millions huit cent mille enfants est naturel, rationnel, équitable ; et alors de quoi vous plaignez-vous ?

Ou bien *ce qui est, ce que la loi a fait*, est contre nature, irrationnel, inique ; et alors je ne comprends pas que vous proposiez de généraliser un état de choses qui vous semble mauvais.

Si c'est un mal à l'état d'exception, pourquoi serait-ce un bien à l'état de règle ?

> Une des maximes de Marc-Aurèle était que les méchants sont malheureux, et qu'on *n'est méchant que malgré soi et par ignorance.*
>
> ERNEST RENAN.

LE DROIT DE PUNIR. — L'année dernière, une femme comparaissait devant les assises ; elle était prévenue d'assassinat sur la personne d'un vénérable ecclésiastique. Bien qu'elle parût jouir de toutes ses facultés, plusieurs médecins-légistes avaient été commis pour constater son état mental. M. Lasègue, l'un d'eux, terminait ainsi sa déposition verbale :

«... Cette femme appartient donc à la médecine et à la justice : il faut que cette accusée passe d'abord devant la justice ; car sa maladie n'est pas de nature à la faire enfermer dès à présent dans une maison d'aliénés. Aussi, je n'oserais pas dire qu'il faut la mettre dans une maison de fous, et je ne voudrais pas la faire condamner par la justice...

» M. le Président : Ainsi votre rapport conclut sans conclure ?

» M. Lasègue : ... C'est cela. Il y a responsabilité encourue, mais responsabilité très-restreinte... Au reste, je dois dire que, *si l'on suivait les docteurs jusqu'au bout dans leurs déductions scientifiques, il y aurait peu d'accusés traduits devant le jury.* »

L'éminent doyen de la faculté de médecine, M. le docteur Tardieu, admettait les conclusions de M. le docteur Lasègue. Le troisième expert, M. le docteur Trélat, allait beaucoup plus loin et se montrait bien autrement explicite :

« M. le Président : ... Considérez-vous les assassins comme des fous ?

» M. le docteur Trélat : Oh ! c'est une grave question.

» M. le Président : Ce n'est pas de systèmes qu'il s'agit ; donnez votre opinion.

» M. le docteur Trélat... *Je pense qu'il viendra un temps où l'on assassinera beaucoup moins. La société a une grande part de responsabilité dans les crimes qui se commettent.....* La société n'est pas mûre encore...

» M. le Président, interrompant le témoin : La société n'est pas en cause... »

L'opinion de MM. Trélat, Lasègue et Tardieu, est aujourd'hui partagée par tous les représentants les plus illustres de la science, par tous les aliénistes; par Broussais et par Ferrus; par MM. de la Siauve, Legrand du Saulle, Brierre de Boismont, Voisin, Moreau (de Tours), Falret; Boileau de Castelnau. M. le docteur E. Dally a été jusqu'à dire, dans un remarquable Mémoire lu à la société Médico-psychologique : « LE DROIT DE PUNIR N'EST PAS UN DROIT; C'EST UNE USURPATION. » A ses yeux, la plupart des actes criminels sont dus à des dispositions contre nature ou maladives qui ont les mêmes caractères et sans doute la même origine que la folie. D'où il suit qu'il faut traiter, les criminels comme des malades, n'avoir à leur égard ni haine, ni colère, ni esprit de vengeance, mais se borner à préserver la société des dangers qu'y fait naître leur présence. Folie et crime ne sont au fond que deux variétés d'une même espèce, ou, si l'on veut, deux espèces du même genre. Le criminel qui est de parti pris armé contre ses semblables, et qui, pour sustenter une existence précaire, s'expose à mille dangers et à mille souffrances, est en proie à un délire systématique, en tout comparable aux délires partiels des aliénés ordinaires :

dans quelques cas, sous l'influence des passions violentes, il offre un véritable accès de délire aigu.

« Les faits montrent, dit encore M. le docteur Dally (*Remarques sur les aliénés et les criminels* [1]), qu'en entrant dans la voie du crime, on obéit à des impulsions de la même nature que celles qui conduisent à la folie : *impulsions irrésistibles s'il en fut*; car il est impossible d'admettre qu'un criminel a eu la liberté, c'est-à-dire le *Pouvoir*, de résister à des entraînements qui ne procurent, en réalité, ni le bonheur, ni la satisfaction de la conscience normale.

» Les motifs des actes humains sont tout entiers dans l'organisme; la morale est une partie de la physiologie, et l'étude du mal relève du médecin. En assimilant le crime à la folie, on résout de la façon la plus simple le problème actuellement si complexe de la responsabilité légale, et en déclarant que *chacun est responsable de ses actes* en proportion des dangers que ces actes font courir à la société, la pénalité n'est plus une flétrissure, mais simplement une mesure préventive, qui en deve-

---

1. Librairie Victor Masson, 1864.

nant plus générale et plus absolue, est à la fois plus équitable, plus efficace, plus charitable, et pour ainsi dire, plus physiologique.

» C'est, en effet, aux dispositions organiques, au tempérament, qu'il faut attribuer le mal. Le coupable, en un mot, c'est l'organisme étendu, c'est l'être matériel, c'est le corps... L'irresponsabilité morale et la responsabilité légale deviennent communes aux criminels et aux aliénés... Il y a eu progrès quand certains malades ont cessé de subir, comme autrefois, les peines corporelles et quand on a cessé de brûler et de torturer de prétendus possédés ; quand, en termes plus nets, on a cessé de considérer comme criminels les lépreux, les pestiférés, les syphilitiques, les épileptiques et les démonomaniaques. — Il y eu progrès, d'une autre part, quand on a fait tomber les chaînes des aliénés. Un progrès plus grand encore est réservé à un avenir, peut-être lointain, et ce progrès consiste à reconnaître que ce n'est pas par choix que l'on devient fou ou lépreux [1]. »

M. le docteur Legrand du Saulle avait dit aussi : «... La démence constatée, il n'y a point de faute

---

1. *Remarques sur les aliénés et les criminels.* Passim.

à expier, mais une infortune à constater. Le châtiment serait une injustice inutile pour la société.... La bastonnade, infligée publiquement à un fiévreux, ne guérirait personne de la fièvre... »

Vauvenargues, dans son *Traité du libre arbitre*, dit de même : «... Nulle volonté dans les hommes, qui ne doive sa direction à leurs *tempéraments*, à leurs *raisonnements* et à leurs sentiments actuels. »

L'antiquité avait nettement senti la liaison du tempérament au crime, et sans parler d'Hippocrate, qui, en quelques passages [1], formule une doctrine conforme à celle de la science contemporaine; sans parler de Platon (lire le *Timée*), nous voyons Galien, dans son livre : *Que les mœurs de l'âme sont la conséquence des tempéraments du corps*, développer la même thèse : «... Les hommes, dit-il, ne naissent, ni tous amis ni tous ennemis de la justice, les bons et les mauvais étant tels qu'ils sont à cause du tempérament du corps. »

La science moderne est donc arrivée dans ces dernières années aux conclusions suivantes, que le jury semble adopter fréquemment et mettre en

---

1. *De la maladie sacrée*, § 14 et 15, t. VI, édition Littré.

pratique par d'étranges et éclatants acquittements[1] :

1° Le crime et la folie sont deux formes de la déchéance organique cérébro-mentale ; 2° nos actions dépendent directement de notre constitution organique, plus ou moins favorisées par les circonstances du milieu social. L'homme ne saurait être moralement responsable de ses actes, pas plus qu'il ne l'est des maladies qu'il apporte en naissant ou qu'il a contractées dans le cours de sa vie. 3° Si la responsabilité morale est nulle, il en est autrement de la responsabilité légale, qui, ayant pour but de préserver la société, atteint également les aliénés et les criminels.

Ce sont ces conclusions, désormais acquises, que M. de Girardin avait devinées et indiquées, il y a plus de vingt ans. En vertu de cette intuition admirable qui est le propre des hommes supérieurs, le publiciste avait devancé la science ; le penseur avait puisé dans les simples vues de l'es-

---

[1]. Le 29 juin 1864, la cour d'assises de la Seine acquittait un individu convaincu de vol avec escalade et effraction. En septembre de la même année, la cour d'assises du Haut-Rhin acquittait aussi une femme Maurice, convaincue d'avoir volontairement tué sa fille âgée de huit mois.

prit et trouvé par le raisonnement, la formule médico-légale de la répression.

Il y a six mille ans que la société exerce ce *droit de punir*, que nie M. de Girardin, que le docteur Dally appelle une usurpation. Sait-elle bien, au moins, sur quel fondement elle l'appuie, et de quels titres elle s'autorise? y a-t-il un droit de punir? quelle en est la base?

Certes, s'il est un point où l'on puisse légitimement exiger une unanimité parfaite, une vérité incontestable et incontestée, c'est bien celui-là. Or nous ne trouvons partout qu'antagonisme, incertitudes, contradictions. MM. Chauveau et Faustin-Hélie, dans leur *Traité de Droit pénal* [1] résument en ces termes les divers systèmes de philosophie criminaliste : «... On a vu que l'un fait dériver le droit de punir d'une primitive convention entre les membres de la société; qu'un autre le fait remonter à un droit de légitime défense qu'il attribue au pouvoir social; un troisième à un principe exclusif d'utilité; un dernier enfin à un principe de justice morale. Il est évident que les législateurs qui choisiraient l'un ou l'autre de ces principes pour ban-

---

1. 1832-1847. Neuf volumes in-8°.

nière et en adopteraient franchement les conséquences, *arriveraient à des résultats opposés.* » Voilà donc *quatre* systèmes, quatre principes opposés. M. Ortolan (*Traité de Droit pénal*) et M. Adolphe Franck, dans sa remarquable *Philosophie du Droit pénal*[1], ont poussé plus loin l'analyse, et ne nous montrent pas moins de *six* théories contradictoires!

Une pareille anarchie a plus d'une fois excité l'étonnement, la tristesse des moralistes. Vauvenargues disait : « Si le vice est une maladie de notre âme, il ne faut donc pas traiter les vicieux autrement que des malades. Sans difficulté, rien n'est si juste, rien n'est plus humain. Il ne faut pas traiter un scélérat autrement qu'un malade, mais il faut le traiter comme un malade... » Goldsmith, dans cet immortel petit chef-d'œuvre intitulé : *The vicar of Wakefield*, Goldsmith écrivait :

« Au lieu d'entasser lois sur lois pour punir le vice ; au lieu de serrer les liens sociaux jusqu'à ce qu'une convulsion vienne les briser ; au lieu de faucher les malheureux comme inutiles, avant

---

[1]. Un volume in-18, 1864. Librairie Germer-Baillière. (Bibliothèque de philosophie contemporaine).

d'avoir reconnu s'ils n'avaient pas leur utilité ; au lieu de faire de la correction une vengeance, il serait à souhaiter qu'on essayât d'un mode de gouvernement tout préventif, qu'on fît de la loi la protectrice, non le tyran du peuple. On le verrait alors : ces êtres dont l'âme est regardée comme une impure scorie, n'attendent que la main de l'affineur. On le verrait : ces misérables, maintenant voués dans leurs cachots à de si longues tortures, pour épargner aux heureux de ce monde un instant d'angoisse, pourraient, convenablement traités, devenir la force de l'État dans les moments de périls... Il est peu d'âmes si dégradées que la persévérance ne puisse les réhabiliter. »

M. de Girardin, lui, ne fait ni du sentimentalisme ni de la philanthropie, ni même de la médecine, et c'est tout fortuitement qu'il se trouve d'accord avec les aliénistes. Il se place à un point de vue tout original. Parti du point où était arrivé son illustre devancier Beccaria, il le rectifie plus encore qu'il ne le complète. Il met la logique là où l'auteur du traité : *Dei delitti e delle pene* n'avait mis qu'une généreuse inconséquence. Ce n'est pas l'adoucissement des peines qu'il réclame, mais leur suppression totale. Elles ne lui paraissent toutes ni plus ni moins légitimes que la peine de mort, abolie aujourd'hui dans cinq États de l'Europe et deux États américains... Selon lui, le mal est absolument impunissable. Il n'admet ni crimes ni délits ; il n'admet que de *faux raisonnements* et *des risques*. Il applique donc à ces éventualités qualifiées crimes par les lois et appelées maladies par les physiologistes, son régime universel de l'assurance.

Au lieu de châtier un coupable, il se borne à constater un fait, à l'inscrire sur la Police générale d'assurance appelée *Inscription de vie*. Il substitue ainsi la publicité pénale à la pénalité légale. Il ne qualifie pas l'action, il se borne à la faire connaître. On sait que dans bien des cas les tribunaux ordonnent l'affichage et l'insertion dans les journaux d'un jugement correctionnel ou criminel. Ce châtiment purement accessoire devient, dans la théorie de M. de Girardin, non-seulement le principal, mais le seul. Écartez la condamnation elle-même et la peine portée ; gardez l'affichage et l'insertion, et vous aurez tout le système. C'est la peine que Dieu infligea à Caïn. C'est celle qu'infligeait à Rome la loi Valérienne : *Nihil ultrà quam improbi famam adjecit* (Tacite.)

La Pénalité est d'origine servile. A l'origine, les crimes se réparaient par une satisfaction volontaire en argent. Nos pères, les Germains, dit Montesquieu, n'admettaient guère que des peines pécuniaires. Presque toutes les lois de Sylla ne portaient que sur l'interdiction de l'eau et du feu, c'est-à-dire l'exil. La législation crétoise, dit M. de Pastoret, autorise l'exil volontaire des citoyens qui craignent la poursuite des tribunaux. A Sparte, le coupable s'exile pour se soustraire à la punition encourue. A Athènes, les accusés pouvaient s'enfuir même pendant le jugement. « Les législateurs de Rome permirent aux accusés de s'exiler avant le jugement, et ils voulurent que les biens du condamné fussent consacrés, pour que le peuple n'en eût pas la confiscation. » (*Esprit des lois*, L. VI. ch. V.) Au moyen-âge, comme dans l'antiquité grecque, romaine ou hébraïque, certains lieux, notamment les églises et les monastères, jouissaient d'un droit d'asile inviolable. De tous temps on avait instinctivement compris que la société n'a, en définitive, rien à gagner à la punition du coupable. L'emprisonnement, bien loin d'amender, pervertit davantage : les maisons de détention sont des écoles de dépravation. M. Bayvet, directeur depuis vingt-cinq ans de la prison centrale de Vilvorde, près Bruxelles, disait naguère à un de nos compatriotes : « Je crois fermement que la réclusion n'aboutit à rien et ne sert à rien. »

C'est la même conviction, basée sur l'accroissement effrayant du nombre des récidivistes, qui a conduit M. de Girardin à chercher d'autres moyens préventifs et répressifs, et à fonder toute une nouvelle organisation judiciaire, toute une nouvelle théorie pénale, théorie qu'il a développée d'abord dans le livre VI de la *Politique universelle*, dans son volume intitulé : *La liberté*, et dont il fait l'objet spécial d'un important traité, en ce moment sous presse : *Du droit de punir*.

M. de Girardin supprime la justice civile, qu'il remplace par de simples arbitres choisis au gré des parties, et ne basant leur décision que sur les lois de l'équité naturelle. Toute la nation devient ainsi une sorte de société de justice mutuelle.

En matière criminelle, il repousse le jury, qui n'est à ses yeux qu'une pure loterie, et se prononce pour l'unité de juge à tous les degrés : *juge de paix*, *juge d'appel*, *juge de cassation*, *juge d'État* ou *Grand-Juge*, — sorte de ministre de la justice.

— D'accord avec Portalis (séance du 24 brumaire an IV, *conseil des anciens*); avec Duport (séance du 29 mars 1790, *Assemblée constituante*); avec d'André, conseiller au parlement d'Aix (*Assemblée constituante*, 3 mai 1790); avec Rœderer, conseiller au parlement de Metz et membre de l'Assemblée constituante; avec la loi du 24 août 1790, qui posait ce principe : « Les juges sont élus par les justiciables, pour six années; » avec la loi du 5 vendémiaire an IV, qui confiait aussi aux citoyens le choix des juges de cassation; d'accord enfin avec M. Michelet (*Origines du droit français*) et avec Jefferson (*Mélanges politiques et philosophiques*), M. Émile de Girardin ne veut point de magistrats inamovibles et nommés par l'État. Il préfère l'élection, à tous les degrés, — pour un an, — avec faculté de réélection. Voici en quels termes M. Ampère rend compte, dans son *Voyage en Amérique*, de la révolution judiciaire opérée, dans ce sens, à New-York et dans plusieurs États :

« ... C'est une application étrange et extrême du principe de l'élection, que de faire voter ceux qui doivent être pendus pour la nomination de ceux qui doivent les pendre; d'autant plus que les juges ainsi élus, ne le sont que pour un temps assez court... Toutes les personnes que je questionne à cet égard, me répondent : *it works well*, — cela marche bien...—On m'assure que les choix ont été excellents, que le discernement populaire a décerné les magistratures aux meilleurs jurisconsultes. »

L'*élection* : telle est la première assise de l'édifice judiciaire de l'auteur du *Droit de punir*; *l'unité de juge :* deuxième assise; *réélection :* troisième assise. Voici, enfin, la quatrième assise : *inviolabilité de la vie humaine, abolition de toutes les peines afflictives.* Plus de bourreau, plus de travaux forcés, plus de déportation, plus de détention, plus de réclusion, plus d'emprisonnement. Les seules pénalités conservées sont : les amendes et les dommages-intérêts; le renvoi sous la haute surveillance de la famille; l'internat dans la commune-mère ; le bannissement; l'expatriation pour cause de sûreté publique; enfin et surtout, la publicité résultant de l'*Inscription de vie*. Le défaut qu'on pourrait reprocher à ce dernier châtiment, c'est sa pérennité. On dirait en quelque sorte le rétablissement de la *marque* et de *l'exposition*, qu'a fait abolir l'adoucissement de nos mœurs; avec cette seule différence et cette aggravation, que l'exposition devient éternelle au lieu d'être temporaire, que la marque est imprimée avec de l'encre et sur une feuille de papier, au lieu de l'être sur l'épaule avec un fer rouge. L'auteur a défini lui-même son *inscription de vie* en ces termes : « C'est une contre-*marque* d'entrée et de sortie dans l'amphithéâtre social. » M. de Girardin a ici dépassé le but. Sa *police générale d'assurances*, qui doit être visée, *chaque mois*, par le percepteur, a pour résultat de placer *sous la surveillance*, pendant toute leur vie, tous les citoyens, sans exception, les honnêtes gens aussi bien que les malfaiteurs.

A ces moyens répressifs des délits, il faut ajouter les mesures préventives, et surtout l'éducation et l'instruction. « J'ai toujours remarqué, dit l'auteur du *Vicaire de Wakefield*, que plus l'esprit est étendu, plus les sentiments sont bons. La Providence semble nous prouver sa tendresse par cette constante attention à affaiblir l'intelligence là où le cœur est corrompu. » Former l'esprit, c'est donc améliorer le cœur ; si toute mauvaise action n'est qu'un mauvais raisonnement, apprendre à raisonner juste, c'est enseigner l'art de se bien conduire. La misère d'une part, l'ignorance de l'autre — cette misère immatérielle, — sont les deux sources de la dépravation. C'est donc à ces sources qu'il faut remonter pour supprimer le crime. Que produit chaque année, une armée de 400 mille hommes ayant coûté plus de 400 millions? Rien. Qui pourait calculer ce que rapporterait le même capital appliqué annuellement au défrichement, à la culture, au sarclage, de toute la portion jeune d'une nation de 37 millions de têtes ; et ce qu'y gagneraient, en particulier, la moralité et la sécurité publique? Le vénéré et regrettable socialiste anglais, Robert Owen, a pu gouverner, pendant vingt-cinq ans, sans une seule punition, une colonie de près de 3,000 habitants de tout sexe, de tout âge. L'illustre penseur me l'affirmait lui-même dans une lettre qu'il me fit l'honneur de m'écrire à la fin de 1857. C'est par l'éducation qu'il était parvenu à ce résultat; c'est par le même moyen que les peuples arriveront au même but, et que l'on verra se constituer la société conçue par M. Émile de Girardin : « Où toutes les aptitudes puissent se développer, où toutes les supériorités puissent se produire, où la vérité se fasse par l'évidence, où l'ordre règne par la science, sans qu'il soit attribué à aucun homme le pouvoir d'en opprimer ou d'en punir un autre, à quelque titre, sous quelque nom et sous quelque prétexte que ce soit. »

X

L'ŒUVRE — L'INFLUENCE

X

L'ŒUVRE — L'INFLUENCE

Les écrits de M. Émile de Girardin forment un ensemble de vingt-six volumes de divers formats, dont la plupart sont épuisés, et qu'il serait temps de réunir en une édition complète. Je les ai suffisamment fait connaître. Aussi n'ai-je plus qu'à en donner un résumé bibliographique et chronologique. Voici la liste de tous les ouvrages publiés dans les quarante années comprises entre 1827 et 1866.

1827. *Émile*, fragments sans nom d'auteur; un volume in-18. La quatrième édition a paru en 1860 chez Michel Lévy.

1828. *Au hasard. Fragments sans suite d'une his-*

toire sans fin, in-18. Publié sous le pseudonyme d'Adolphe Bréant ; réimprimé à la suite de la dernière édition d'*Émile*.

1838. *De l'instruction publique en France*. Un volume in-8°. La 2ᵉ édition a paru en 1840. — in-32 : — la troisième, dans le format in-18, en 1842.

1851. *L'impôt* (6ᵉ édition) un volume in-8°. La première édition, beaucoup moins complète, avait vu le jour en 1847, sous ce titre : *Du Budget*. La deuxième et la troisième, publiées en 1849, la quatrième et la cinquième en 1850, avaient pour titre : *Le socialisme et l'impôt*. La réimpression de ce livre dans les *Questions de mon temps* (dixième volume) en forme la septième édition.

1852. *La politique universelle, décrets de l'avenir*. Un vol. in-18 ; publié à Bruxelles, réimprimé à Paris en 1854. 3ᵉ édition, en 1856.

1854. *La liberté dans le mariage par l'égalité des enfants devant la mère*. Un vol. in-18.

— *Le droit*. Un vol. in-18, 2ᵉ édition, même année ; 3ᵉ édition en 1856.

1857. *La liberté*. Un vol. in-18. (Deux éditions.)

1858. *Questions de mon temps* : — 1836 à 1856. Douze volumes in-8° compactes de huit cents pages.

(Michel Lévy et Serrière). Les neuf premiers comprennent les questions politiques; les deux suivants, les questions économiques, et le dernier, les questions financières. C'est la réimpression de presque tous les articles de *la Presse*, précédée d'une belle Introduction où l'auteur, résumant son œuvre, nous montre, entre son point de départ et son point d'arrivée, le chemin qu'il a parcouru sur tous les problèmes du jour. Ces articles exhumés, les uns fort longs, les autres très-courts, forment un ensemble indivisible et présentent, lorsqu'on ne les juge point isolément, une frappante unité. Cet ouvrage aurait pu être intitulé: *Histoire de vingt ans*. A tous les *Mémoires* personnels dont notre époque est si prodigue, je préfère de beaucoup cette autobiographie involontaire, écrite au jour le jour, en vue du présent, sans souci de l'avenir, et qui se confond avec l'histoire même de la France et de l'Europe. Les *Questions de mon temps* offrent tout l'aspect et tout l'attrait du journal de bord des marins, qui est d'ordinaire plus intéressant, plus dramatique, dans sa forme décousue, que tous les récits de voyages et de naufrages.

1859. *La Guerre*. Brochure in-8°. (Huit éditions en quinze jours). Chez Michel Lévy frères. .

19

— *Le libre vote.* Brochure in-8°. Publiée sous la forme d'une lettre à lord John Russell.

— *L'équilibre européen.* Brochure in-8°.

— *Le Désarmement européen.* Brochure in-8°.

— *L'Empereur Napoléon III et la France.* Brochure in-8°. (Chez Dentu.)

— *L'Empereur Napoléon III et l'Europe.* Brochure in-8° (Dentu).

— *Conquête et Nationalité.* Brochure in-8°.

— *Désarmement et Matérialisme.* Brochure in-8°.

1860. *Civilisation de l'Algérie.* In-8°.

— *La fille du millionnaire.* Comédie en trois actes. Un vol. grand in-18.

1861. *Réponse d'un mort.* Brochure in-8°, provoquée par une brochure de M. Clément Duvernois intitulée : *Un suicide politique.*

1863. *Paix et Liberté.* Un volume in-8° faisant suite aux *Questions de mon temps,* et réunissant tous les articles publiés dans *la Presse* en 1863. (Henri Plon, éditeur.) On y trouve notamment la campagne électorale, la question Polonaise, qui avait formé, la même année, une brochure de 200 pages intitulée *L'apaisement de la Pologne,* et publiée par l'éditeur Dentu.

1864. *Force ou Richesse.* Un vol. in-8° formant le

tome XIV° des *Questions de mon temps.* (Henri Plon.)

— *Les Droits de la Pensée.* Un vol. in-8° de 800 pages. (Tome XV° des *Questions de mon temps.*) Cet ouvrage est, pour ainsi dire, la Bible de la liberté. (Henri Plon.)

1865. *Le Supplice d'une Femme,* drame en trois actes, représenté pour la première fois à Paris, sur le Théâtre-Français, par les comédiens ordinaires de l'empereur, le 29 avril 1865. La préface, intitulée : *l'Idéal d'un drame,* explique pourquoi l'auteur a refusé d'accepter publiquement la paternité de cette œuvre, trop profondément modifiée, dénaturée, selon lui, par son collaborateur M. Alexandre Dumas fils. Cette préface rétablit la pièce primitive. Un volume in-8° (Michel Lévy frères). Deux éditions in-8° et une édition in-18.

— *Les Deux Sœurs,* drame en quatre actes, représenté pour la première fois à Paris, sur le théâtre du Vaudeville, le 12 août 1865. Les trois premiers actes ont seuls été joués, l'auteur ayant retranché le quatrième aux répétitions. Cette pièce, malgré tous les orages de la première représentation, a été jouée— en plein été— soixante fois. Elle est précédée d'une préface. Deux éditions in-8° et une troisième édition grand in-18. (Michel Lévy.)

1866. Sous presse : *Du Droit de Punir*. Un vol. in-8°. Cet ouvrage, annoncé dès 1857, laborieusement préparé pendant neuf ans, publié juste un siècle après le *Traité des délits et des peines* de Beccaria, qui obtint en quelques années 32 éditions, qui fut traduit dans toutes les langues, même en grec moderne, qui opéra une révolution radicale dans le système pénal de tous les États de l'Europe, cet ouvrage n'aura pas un moindre retentissement que son devancier, et M. Émile de Girardin pourra dire : *Exegi monumentum ære perennius*.

La dernière œuvre de M. Émile de Girardin présente avec sa première page un trait singulier de ressemblance. L'une et l'autre nous offrent le même caractère militant; le publiciste célèbre de 1866 s'attaque avec la même ardeur que l'écrivain inconnu de 1827 aux iniquités du vieux monde; tous les deux prennent à partie la société dans ses bases les plus fondamentales. *Émile* est une déclamation émouvante contre le Code civil; *Le Droit de punir*, un hardi réquisitoire contre le Code pénal.

Bichat a donné de la vie une définition toute négative; les phénomènes biologiques ne sont pour lui qu'une bataille incessante : « la vie est l'ensemble des forces qui résistent à la mort. » Darwin ne voit non plus dans l'organisme que ce qu'il appelle : *The struggle for life*. A ce compte personne n'a plus vécu que M. Émile de Girardin. L'idée d'antagonisme domine dans ses écrits comme dans ses actes. La guerre est l'élément naturel de cet apôtre de la paix. Son existence d'homme et sa carrière de penseur n'ont été qu'un perpétuel combat, contre des ennemis acharnés ou des préjugés indomptables. Enfant, il avait eu fatalement à choisir entre un défi audacieux porté à son père, et un procès criminel intenté à sa mère; polémiste, il est forcé de quitter quatre fois pour un autre terrain le terrain de la presse; témoin devant une cour de justice, il ne dépose pas, il accuse; accusé devant la Chambre des Pairs, il ne se défend pas, il attaque. La lutte apparaît jusque dans son style : l'antithèse, ce choc des idées, ce combat de mots, est sa forme favorite. Homme politique, enfin, il prend une part considérable, décisive, à la chute de deux gouvernements; il fait à lui seul l'élection présidentielle du 10 décembre; il commande en chef la campagne électorale de 1863.

Est-ce à dire que son influence, purement négative, n'ait jamais été puissante que pour renverser? Le prétendre, ce serait oublier, d'abord, l'impulsion qu'il a donnée, bien avant la loi de 1833, au développement de l'instruction primaire. — Un an avant le projet de loi de M. Guizot, il demandait déjà, dans une pétition présentée aux chambres par M. de Lamartine, l'instruction gratuite, l'assimilation des instituteurs aux curés et aux juges de paix. — Ce serait oublier, ensuite, que nous lui devons la création des caisses d'épargne, que M. Thiers, en 1832, déclarait inutiles et irréalisables. En 1833, il n'y en avait que treize; le *Journal des connaissances* en fonde trente-quatre et les dote de 13,600 francs. Quatre-vingt-trois sont autorisées dans la seule année 1835, et soixante-cinq en 1836. Aujourd'hui on en compte plus de trois cent cinquante. Le premier discours du député de Bourganeuf a été prononcé en faveur des caisses d'épargne. — Ce serait oublier qu'il a le premier imaginé et fait adopter après seize ans d'efforts, le système postal qui est actuellement en vigueur dans le monde entier, jusque dans les archipels les moins civilisés de l'Océanie. En 1832, il avait proposé à M. Conte, directeur-général des Postes, la suppression des onze zones existantes et leur remplacement par l'unité de taxe : cette proposition, qualifiée de chimérique, M. Rowland-Hill réussit à la faire accepter, en 1840, en Angleterre, où elle avait été traitée aussi de « misérable charlatanerie. » — Ce serait oublier que le mode d'emprunt par voie de souscription nationale, adopté généralement aujourd'hui, avait été proposé par le directeur de *la Presse*, le 25 juillet 1844 : — « Une égalité parfaite dans la répartition, disait-il, constitue le véritable emprunt national. Le gouvernement traite sans intermédiaire avec le public. » — Ce serait oublier, enfin, qu'il a plus que personne contribué à mettre en faveur les idées de crédit, de bon marché, de richesse publique, de bien-être, et à faire marcher de front avec le progrès intellectuel les préoccupations matérielles, à imprimer toute une direction nouvelle aux tendances et à l'esprit de notre siècle.

En acceptant la direction politique de la *Presse*, M. de Girardin avait entrepris la tâche, presque impossible, de replacer le journal à égale distance du Pouvoir et de l'opposition ; de le rendre aussi indépendant de celle-ci que de celui-là, aussi éloigné de la servilité que de l'hostilité. Souhaitant sincèrement l'affermissement de l'Empire, mais voulant fermement et avant tout la plénitude de la liberté, la *Presse*, de 1863 à 1866, n'a point dévié de cette ligne de conduite qui, si elle peut offrir le double inconvénient d'être à la fois incommode au Pouvoir et désagréable aux partis, présente, en revanche, un double et précieux avantage. Après trois années d'une lutte qui, par cela même qu'elle n'était point sans péril, n'a pas été sans gloire, ce programme si net, si franc, si loyal est venu se heurter à des obstacles inattendus.

Le 26 janvier et le 10 février 1866, la *Presse* recevait, coup sur coup, deux avertissements. En présence d'une telle situation, le journal n'avait d'autre parti à prendre que de rester fidèle à ses traditions, à son fondateur, et de refuser la démission spontanément offerte par le rédacteur frappé, M. Duvernois, dont la retraite devait entraîner celle de M. de Girardin. Au lieu de garder cette attitude courageuse et digne; au lieu même d'accepter purement et simplement ces deux démissions, la propriété hésite, tergiverse, se partage en deux groupes ennemis, s'exagère le danger, évoque à plaisir le spectre de la suspension, le fantôme de la suppression, se réunit en permanence et conspire contre les rédacteurs. Tandis qu'une partie des propriétaires restaient bravement fidèles à M. de

Girardin et lui déclaraient, le 13 février, qu'ils affronteraient au besoin la suspension, les autres se rendaient au ministère de l'Intérieur !

Cette façon de procéder, cet appel à l'intervention du gouvernement entre la propriété et la rédaction, faussait toutes les situations ; M. Émile de Girardin n'avait plus qu'à protester par sa retraite. C'est ce qu'il a fait, le 22 février, dans une lettre pleine de dignité, qui restera pour servir à l'histoire de la liberté de la presse en France. Cette retraite est devenue un événement politique.

J'ai à peine besoin de rappeler l'action immense exercée par lui sur le journalisme, dont il a si radicalement modifié les conditions d'existence. Plus de la moitié des journaux quotidiens de Paris ont pour rédacteur en chef, — et ce ne sont pas certes les moins éminents — d'anciens élèves, d'anciens collaborateurs de M. Émile de Girardin. Il est peu d'écrivains politiques qui n'aient pas au moins traversé le journal de la rue Montmartre. C'est là que se sont formés ou perfectionnés :

MM. Nefftzer, rédacteur en chef du *Temps* ;
   Peyrat, rédacteur en chef de l'*Avenir National* ;

De la Guéronnière, rédacteur en chef de la *France ;* sénateur ;

Guéroult, rédacteur en chef de l'*Opinion Nationale ;* député ;

Granier de Cassagnac, ancien rédacteur en chef du *Pays ;* député ;

Limayrac, rédacteur en chef du *Constitutionnel ;*

Ernest Feydeau, rédacteur en chef de l'*Époque ;*

Eugène Pelletan et Darimon, députés de la Seine.

La Presse a été, en réalité, l'école normale du journalisme.

CONCLUSION

CONCLUSION

> La torche de l'imagination est aussi nécessaire à la recherche de la vérité, que la lampe aux veilles studieuses.
>
> Max Muller.

Arrivé au terme de cette longue étude, je devrais peut-être en présenter un résumé général ; compléter par la synthèse cette minutieuse et patiente analyse. Je ne le ferai pas. Cette synthèse serait prématurée ; l'heure ne me semble pas venue de juger dans son ensemble le rôle d'un homme trop jeune encore pour avoir dit son dernier mot, d'un esprit trop plein de vie pour avoir trouvé tout ce qu'il cherche, d'une volonté trop énergique pour avoir accompli tout ce qu'elle veut. Je préfère exprimer ici la pensée qui domine en moi au moment d'achever ma tâche et d'écrire cette dérnière page.

Un peu tenté, d'abord, de reprocher à M. Émile de Girardin la part considérable qu'il fait à l'hypothèse, l'audace extrême de certaines doctrines, la confiance illimitée qu'il accorde à l'avenir, je me souviens ensuite et je n'hésite pas à l'avouer, que, dans les sciences exactes elles-mêmes, c'est précisément cette méthode inductive qui a réalisé toutes les grandes découvertes.

Dans la dédicace de son livre au pape Paul III, Copernic avoue qu'il fut conduit à la notion de la position centrale du soleil et du mouvement diurne de la terre, non par l'observation et l'analyse, mais par ce qu'il appelle le *sentiment* d'un manque de symétrie dans le système de Ptolémée. La première idée de révolutionner les cieux lui fut suggérée, comme il nous le dit lui-même, par un ancien philosophe grec, Philolaüs le Pythagoricien, chez qui le mouvement de la terre n'avait été qu'une conjecture, une heureuse intuition. Sans cette hypothèse de Philolaüs, nous n'eussions jamais connu peut-être le système de Copernic.

En parlant de Képler, dont la méthode de raison

nement a été regardée comme dangereuse et chimérique par ses contemporains, un savant et illustre professeur d'Édimbourg, sir David Brewster, fait remarquer très-judicieusement « que, comme instrument de recherche, l'*influence de l'imagination* a été bien négligée par ceux qui ont essayé de donner des lois à la philosophie. »

Si l'astronome ou le physiologiste, le chimiste ou le philologue, peuvent et doivent s'appuyer sur l'imagination autant que sur l'observation, de quel droit pourrait-on interdire au politique l'usage de l'hypothèse, qui a si admirablement servi Copernic; de la conjecture et du sentiment, qui avaient guidé Philolaüs; de l'intuition, qui a révélé à Képler ses lois immortelles? La méthode de M. de Girardin est donc, jusque dans ses théories les plus hasardées, d'une rigueur toute scientifique. Il a conduit la science politique à cette troisième phase, où les sciences reçoivent d'ordinaire le nom de *comparées;* à cette dernière période où elles savent : « distinguer entre ce qui est essentiel et ce qui n'est qu'accidentel; abstraire le général de l'individuel et classer l'individuel sous le général; reconnaître que rien dans la nature n'existe par accident; que chaque individu appartient à une espèce, chaque espèce à un genre; qu'il y a des lois réglant la liberté apparente et la variété de toutes les choses créées... » (Max Muller.) M. Émile de Girardin est le fondateur de la *politique comparée*.

Aux limites des connaissances exactes, dit Alexandre de Humboldt, comme du haut d'un rivage élevé, l'œil aime à se porter vers les régions lointaines. Les images qu'il voit peuvent être trompeuses. Mais, comme ces images décevantes que croyaient apercevoir, bien avant le temps de Colomb, les habitants des Canaries ou des Açores, elles peuvent amener la découverte d'un nouveau monde !

FIN

TABLE

Pourquoi j'ai écrit ce livre..	1
I. — L'homme.	19
II. — L'écrivain.	61
III. — Le journaliste.	99
IV. — L'homme politique.	119
V. — L'auteur dramatique et le romancier.	151
VI. — Le penseur.	173
VII. — Les Idées. — I. Idées générales.	189
VIII. — Les Idées. — II. Idées politiques..	209
— Carlyle et Émile de Girardin.	211
— Le parlementarisme.	217
— Les constitutions.	235
— L'individuel et l'indivis	239
— La liberté.	253
— La paix.	268

IX. — Les Idées. — III. Idées économiques et sociales.. 277
— L'impôt............ 279
— Le droit du travail...... 291
— La liberté dans le mariage.. 295
— Le droit de punir........ 303
X. — L'œuvre. — L'influence............ 321
Conclusion................... 335

FIN DE LA TABLE

POISSY. — IMP. ET STÉR. DE A. BOURET.

www.ingramcontent.com/pod-product-compliance
Lightning Source LLC
Chambersburg PA
CBHW072014150426
43194CB00008B/1103